예레미야
– 미친시대에 고하다

황창진 목사가 교우들과 가슴 아프게 읽어낸 예레미야 이야기

예레미야 - 미친시대에 고하다

초판 1쇄 발행 2022년 9월 30일

지은이 황창진
펴낸이 장현수
펴낸곳 메이킹북스
출판등록 제 2019-000010호

디자인 최미영
편집 최미영
교정 안지은
마케팅 장윤정

주소 서울특별시 구로구 경인로 661, 핀포인트타워 912-914호
전화 02-2135-5086
팩스 02-2135-5087
이메일 makingbooks@naver.com
홈페이지 www.makingbooks.co.kr

ISBN 979-11-6791-231-2(03230)
값 15,800원

예레미야
– 미친시대에 고하다

황창진 지음

황창진 목사가 교우들과
가슴 아프게 읽어낸
예레미야 이야기

메이킹북스

추천사

다시 예언자를 생각한다
-교회여, 어떻게 할 것인가?-

양재성 목사(가재울녹색교회)

오늘날 인류가 직면한 가장 시급하면서도 위협적인 위기는 기후위기 즉, 생태계 위기다. 우리 당대에 지구 종말이 올 수도 있다는 경고가 나온 지 오래다. 지구 이곳저곳에서 일어나는 기습적 홍수와 해빙, 가뭄과 산불, 바이러스의 창궐 등 지구 재앙의 묵시록이 열린 듯하다. 전 인류가 머리를 맞대고 중지를 모아야 할 중차대한 시점이다.

저자는 '교회는 안녕하신가'라고 묻는다. 물론 답은 '그렇지 못하다'이다. 교회가 직면한 가장 심각한 문제는 물량화다. 한때 삼성이 교회를 망치고 있다는 말이 유통되었다. 물론 삼성은 기업 삼성이 아니고 성직주의, 성장주의, 성공주의를 의미하는 삼성이다. 이렇듯 교회의 물량화는 하나님의 정의도, 예수의 영성도, 교회의 존재 이유도 붕괴시켰다. 저자는 하나님의 공적교회가 개체화되었고 사사화되었다며 탄식한다.

성경에서 하나님이 가장 싫어하신 것이 우상숭배였다. 거기엔 바알숭배와 맘몬숭배가 있다. 지금도 형태만 바뀌었을 뿐 맘몬숭배가 성전과 교회를 점령해 버렸다. 감독이나 총회장 선거뿐만 아니라 목회자 청빙과 교체 시, 돈거래는 공공연한 사실이다. 궁극적으로 우상숭배는 하나님 신앙을 약화시키고 신앙 공동체를 파괴시킨다. 그러기에 하나님은 우상숭배를 심판하셨고 엄하게 처벌하셨다. 그 일을 맡은 자들이 바로 예언자다.

친구이자 동역자요, 동지인 황창진 목사가 책을 내면서 추천사를 부탁해 왔다. 황 목사는 목회 동기요, 교회 개혁 운동의 동지이다. 황 목사가 보낸 원고를 단숨에 읽었다. 그의 글은 교회에 대한 고민을 가지고 신앙의 길벗인 교우들과 나눈 눈물의 예언자 예레미야의 이야기다. 그리고 예레미야를 통한 황 목사의 이야기다. 그가 예레미야를 소환한 것은 예레미야 시대의 정황과 현재의 정황이 비슷하기 때문이다.

저자가 코로나 팬데믹 중에 대면 모임이 줄어들면서 교회와 신앙에 대한 성찰이 요청된다며 빼든 책이 예레미야였다. 신앙을 재정립하지 않고서는 교회도 목회도 안녕할 수 없다고 판단했기 때문이다. 그리고 시대정신과 교회의 공공성에 대한 이야기를 풀어놓았다. 저자는 목회자도 평신도도 예언자로 부름받았으니 예언자의 길을 가자고, 그 길이 하나님을 기쁘게 하는 일이며 신앙의 본질이요 사람의 자리라고 확신하고 설득한다.

예수 이전의 신앙 전통에는 두 기둥이 있었는데 그 하나는 제사장 전통이고 다른 하나는 예언자 전통이다. 제사장pontificem은 '다리를 놓는 자'란 의미를 담고 있다. 제사장의 본분은 백성들의 죄악을 자신의 죄악으로 여기고 하나님의 성전에 들어가 피의 제사를 통해 하나님께 용서를 구하고 죄악으로 갈라졌던 백성과 하나님을 화해시키는 중재자다. 용서를 받으면 기쁨이 충만하여 돌아와선 마치 자신의 죄를 사함 받은 것처럼 기뻐하며 사죄를 선언한다. 사죄의식에 거래가 있을 수 없다. 하지만 제사의식에 거래가 이뤄지며 부정이 저질러져 제사장이 타락하면서 결국 예배가 무너졌다.

다른 하나는 예언자 전통이다. 예언자Navi는 '하나님의 부름을 받고 하나님의 대리자로 보냄받은 자'이다. 예언자의 '예預'자는 '미리'란 의미도 포함된 '맡을 예'자로 하나님의 말씀을 맡은 자란 뜻이다. 하나님의 말씀을 맡기 위해서는 하나님 앞에 온전히 무릎을 꿇고 그 뜻을 경청해야 한다. 그러기에 성전은 물론 거리로, 자연으로, 때로는 고난의 현장으로 나가야 한다. 하나님이 계신 곳으로 가야 한다. 이 시대 하나님은 어디에 계실까? 몸의 중심이 아픈 곳이듯 하나님의 눈길이 머무는 곳, 하나님이 계신 곳은 고통의 현장이다. 신음하고 탄식하는 지구 생태계 곳곳이다.

예언은 그 형태나 정황에 따라 구분된다. 예언자들은 대부분 말로 하나님의 뜻을 전달한다. 때로는 몸과 삶으로 하나님의 뜻을 전달한다. 대표적인 분이 호세아다. 그리고 말과 몸으로 예언한 예언자가 있었으니 예레미야다. 눈물의 예언자라는 별명처럼 그는 누구보다도 고난을 많이 받은 예언자다. 예레미야는 "하나님이 속이시기로 작정하여 속았다"고 원망하지만 끝내 숙명처럼 예언할 수밖에 없다고 토로한다. 예레미야의 예언은 조국 이스라엘의 멸망이며 동포들이 포로로 잡혀간다는 등 부정적 예언이었다. 그로 인해 기득권자들에게는 물론 민중들에게도 조롱과 수모를 겪고 쇠사슬에 묶여 소처럼 연자방아를 돌리기도 하였고 눈물을 흘리며 예루살렘 거리를 거닐기도 하였다.

예레미야의 예언엔 심판과 멸망이 담겨 있지만 희망도 담겨 있다. 포로로 잡혀 갔던 이스라엘이 고국으로 돌아오게 될 것이며 다시 하나님 신앙을 회복하고 하나님과 새로운 언약을 맺는다고 내다본다. 궁극적으로 예언은 심판이 아니고 구원의 길인 셈이다.

이 책은 저자의 교회 사랑의 결과물이며 목회자로서의 교우 사랑의 면면을 보여준다. 저자는 가끔, 시와 동화를 삽입하여 글맛을 맛깔스럽게 했다. 조곤조곤 이야기하듯이 쓴 글은 저자의 고민과 기도의 옷을 입고 희망적 비전으로 새로운 길을 연다. 어차피 코로나19 팬데믹이나 기후 위기로 대전환을 요청받던 차에 시의 적절한 결단이 필요할 때이다.

저자는 처음부터 마지막까지 시대정신을 언급한다. 시대정신은 말 그대로 한 시대를 규정하는 정신이나 가치다. 그렇다면 이 시대의 시대정신은 무엇인가? 자본주의 시장 경제 체제다. 이는 산업화를 극

대화하여 자연을 파괴하여 자연재앙을 초래하였고 종교와 교회를 무속화했고 십자가의 영성을 빼앗아 무력화했다.

소로우는 어느 대열에서 그 대열을 벗어나 엉뚱한 곳으로 가는 사람이 있다면 그는 다른 북소리를 듣는 것이라 말했다. 땅의 북소리가 아닌 하늘의 북소리를 듣는 자들이 예언자요, 그 예언을 담보한 곳이 바로 교회다. 하나님의 교회가 잠잠하면 돌들이 일어나 소리친다는데 이미 돌들이 일어나 소리를 지르고 있다. 그리고 저자는 교우들과 함께 소리를 지르는 대열에 서 있다. 교회여, 어찌할 것인가?

저자의 글

코로나가 우리 생활의 중심으로 밀고 들어온 지가 벌써 3년차가 되었습니다. 보다 빠르고 편안한 삶을 위해서 창조 질서의 균형을 흔들어대는 인간의 욕망이 자연을 파헤쳤고 그러한 행위는 부메랑이 되어 역공을 펼치며 우리의 생활을 불편하게 하고 있습니다.

이러한 상황에서 교회는 창조질서의 균형을 무너뜨리는 인간의 욕망을 지적하기보다는 자본의 힘과 성장 논리를 받아들이면서 '보다 크게, 보다 많이'를 추구하는 집단이 되었습니다. 우리의 욕망을 현실화시키는 도구로서의 종교 집단이 되고 말았지만 이를 성찰하거나 비판적으로 바라보는 소리는 다수 세력을 점하고 있는 교회의 현실적 구호와 표어에 묻히고 말았습니다. 이렇게 현실교회를 무장시킨 표어와 구호는 맘몬이라는 이름으로 탄탄하게 세력을 구축하고 '내가 하나님이다' 하며 자칭 진실하다는 그리스도인들의 마음 속에서 하나님 행세를 하고 있는 형국입니다. 그런데 신기하게도 이러한 구도는 예언자들이 활동하던 시대에서도 나타나고 있었습니다. 북이스라엘에서 활동했던 호세아는 이러한 구도를 이렇게 묘사하고 있습니다.

"나무에게 묻고 그 요술막대기가 그들을 가르치니 그들의 마

음이 음심으로 흘러서 곁길로 가고 하나님의 품에서 빗나간 다." 호4:12

이렇게 맘몬의 논리로 무장한 교회는 코로나19 상황에서 정부의 방역 정책에 맞서서 모이는 예배를 고집하며 소리를 높이는 모습을 보이기도 했습니다. 이러한 교회들의 모습에 당황한 우리 산돌교회 식구들은 '왜 저렇게 해요?'라고 물어왔고 이에 뭐라 말할 수 없는 안타까움에 난감하기가 그지없었습니다.

교회 안에 굳건하게 자리 잡고 있는 하나님을 가장한 맘몬 숭배의 열정은 자기의 일방적이고 배타적인 신념을 지지하는 하나님을 양산했고 그러한 하나님은 교회가 하는 엉뚱한 일을 지지하기에 급급한 모습이지만, 누구라도 이런 상황을 눈치채고 본래적인 하나님 신앙으로 돌아갈 것이라는 기대를 하기에는 너무도 난감한 상황입니다.

'어떻게 해야 하나?'

이리저리 고민을 하다가 어렵고 힘이 들더라도 예언자들의 이야기를 찬찬히 돌아볼 필요가 있겠다는 생각에 이르렀고 그러면서 떠오른 예언자는 예레미야였습니다. 예레미야는 남쪽 유다의 상황을 통찰하면서 본래적인 하나님의 이야기를 전하지만 그 소리를 받아들이지 않는 남 유다 사람들 때문에 애가 끊어지도록 울고 있는 예언자이니까요. 그러면서 남유다 사람들에게 기존 질서와의 단절을 통한 신앙 회복을 말하고 있다는 것이 예레미야를 읽어나가기로 마음을 정한 주요한 요인이었습니다. 망가진 정신이 활성화되어 있고 이 망가진 정신이 폭력이 되어 질주하는 시절에 그 질주의 관성조차도 제어하지 못하는 지경이라면 '일단 멈춤'을 경험하고 그 질주의 관성이 사라지기를 기다렸다가 기존의 방향과 속도에 영향을 받지 않는 새로운 세대가 다시 하나님의 이야기를 시작하는 것이 나을 수도 있을 거니까요.

하나님의 뜻을 전하는 예언자를 때리기도 하고 감옥에 가두기도 하며 자기들의 기존 질서를 지키려는 남쪽 유다와 그 지도자들이 오늘의 주류 세력을 이루고 있는 교권주의자들, 그리고 자본적 기반 위에서 크기 경쟁을 하고 있는 현실교회와 묘하게 겹쳐진다는 것도 예레미야를 읽어나가게 한 또 하나의 요인이었습니다. 그렇더라도 예레미야를 통해서 오늘의 교회가 본래의 자리를 찾아갈 거라는 기대는 크게 없습니다. 그저 소소하게라도 함께 하는 교우들과 '예레미야가 그러던데?' 하며 이야기라도 나눌 수 있다는 것이 다행스러운 일이라는 생각입니다.

이 글들은 산돌교회 식구들과 함께 생각한 예레미야서의 이야기를 에세이 형식으로 정리한 내용입니다. 그렇기 때문에 딱히 예레미야서의 순서를 따라 글을 배열하지는 않았습니다. 그저 기존 교회의 질서에 대하여 속상해하면서 어떻게 예레미야의 말처럼 현실교회가 '일단 멈춤을 경험해야 하나' 하는 고민의 내용을 정리한 글입니다. 때로 속상함에서 나오는 격렬한 표현도 있었고 현실교회의 현주소를 아파하면서 마음의 통증을 드러내기도 했습니다. 그러면서 예레미야의 속내를 반복적으로 이야기했음에도 불구하고 그 마음을 잘 품어주고 귀 기울여 들어준 산돌교회 식구들은 영락없는 저의 동역자들입니다. 책을 펴내는 것이 조금은 조심스럽지만 그래도

책을 만들어 내는 것은 시간이 흐른 이후 언젠가는 이 작업에 관해서 소소한 속내를 말할 수 있을까 하는 소박한 마음이 있기 때문입니다. 글을 연재할 수 있도록 '황창진의 성서이야기'라는 지면을 허락해 주신 웨슬리안타임즈에 감사드립니다. 출판을 맡아주신 메이킹북스 장현수 사장님과 직원 여러분들에게 감사드리고 추천의 글을 써주신 친우 양재성 목사에게도 마음속 깊이 고마운 마음을 전합니다. 비틀거리는 발걸음을 잡아주시고 이끌어 주시는 성령의 동행하심은 은총입니다.

2022년 9월

황창진

목차

'엉엉' 우는 예레미야

"어쩌겠냐? 시절이 흉흉하니 너라도 나서야 하지 않겠냐?"

"그렇지만 저는 말도 할 줄 모르고요… 아직 나이도 어리니 난감합니다."

남쪽 유다는 참 어렵습니다. 자기들은 하나님을 섬긴다고 똑 부러지게 말을 하니 딱히 아니라고 할 수는 없을지 모르겠으나 이 사람들의 속내를 들여다볼라치면 답답하기 짝이 없습니다. 이들이 하는 말은 모두 정직하고 공의로운 것 같은데 살아가는 모습은 그렇지가 않으니 말이죠. 하나님은 자꾸만 "정직하게 살아라, 나그네와 고아들을 못살게 굴지 말아라"(렘7:5-6)라고 말씀하시는데 이 사람들은 '예, 알겠습니다' 그러고는 다시 돌아서서 도둑질을 하고 거짓말도 합니다. 하나님이 아닌 다른 곳에 자꾸만 눈길을 주며 자기들 뱃속을 채우는 삶에 골몰하고 있습니다.

그러니 답답한 하나님은 예레미야에게 나서기를 요구하시는 거죠. 그런데 예레미야는 불안합니다. 왜냐하면 예레미야는 나름 시대를 통찰하는 능력 정도는 가지고 있었거든요. 예언자의 안목에

비춰지는 남쪽 유다의 상황은 무슨 소리를 한다고 한들 돌이켜질 상황이 아닙니다. 그러니 하나님이 가라고 한다고 해서 선뜻 나서지 못하는 어려운 상황에 처하게 된 겁니다. 그래도 어쩌겠습니까? 하나님이 가라고 하시니 말입니다.

"너는 그런 사람들을 두려워하지 말아라. 내가 너를 보호해 줄 테니까 말이지" 렘1:8

이리 말씀하신다고 해도 상황이 쉽지 않은 건 마찬가지입니다. 하나님이 하라고 하시는 일은 돌에 맞아 죽을 것 같은 상황을 각오하고 길을 나서야 하는 그런 일인 건데요, 그렇게 보면 니느웨이로 가라시는 하나님의 말씀을 적당히 받아들이면서 욥바로 도망가는 요나의 여정이 이해가 되는 측면이 있습니다. 어느 누구라 한들 한없이 희생하고 헌신하라고 하며 십자가를 지라는 정직과 공의의 요구를 달가워하겠습니까? 그러니 자기 뱃속을 챙기려고 목소리를 높이는 사람들의 고저장단에 흔들리며 정신없이 '아멘' 하는 순진한 사람들이 있는 것이 사람들을 선동해서 앞세우며 자기 이익을 챙기려는 사람들에게는 다행스러운 일일 겁니다.

아무리 이야기를 해도 돌이켜지지 않는 상대는 정말이지 버거운 상대입니다. 무슨 소리를 해도 '성찰'이라는 과목에로 나아가지 않으면서 묵묵히 자기 길을 걸어가는 사람이 지식이 없는 열정으로 살아가는 사람이니 상대하기가 만만하지 않은 거죠. 이 대목을 생각하게 하는 이야기 하나가 있죠? 바로 누가복음 16장에 나오는 부자와 나사로의 이야기입니다. 나사로는 죽어서 아브라함의 품에 안겨 있습니다. 동시에 부자도 죽음을 경험했는데 그는 지옥에서 고통을 받는 신세가 되었죠. 너무 고통스러운 시간을 보내면서 부자는 아직도 세상에서 자기중심적인 삶을 살아가는 가족들이 생각이 났습니다. 그리고는 아브라함에게 부탁을 합니다.

"저기요, 나사로를 다시 세상으로 보내셔서 우리 형제들에게 이 고통스러운 상황을 말하게 해주십시오. 우리 가족들은 죽은 사람들 가운데서 살아 돌아온 사람이 이야기를 해야지만 믿을 겁니다."

그렇지만 아브라함은 냉정하게 대답을 합니다.

"너의 가족들이 사는 땅에는 이미 예언자들이 있거든, 그들의 말을 듣지 않는 정도면 죽은 사람이 살아나서 이야기를 해준다고 해도 믿지 않을 거야~"

참 난감한 일입니다. 하나님은 예레미야를 이런 막막한 상황으로 나아가라고 밀어대고 있는 거잖아요.

글 한 줄을 써야 하는 상황이 있어서 성의껏 글을 써 가지고 요청하신 분에게 가져다드렸습니다. 글을 보시는 분은 자기 분야에서 전문성을 가지고 성실하게 살아가시는 분이셨습니다. 오래도록 기독교 신앙에 기반을 두고 계시는 신실한 그리스도인이기도 하시구요. 그런데 글을 읽으시고는 한 가지 궁금하다면서 물어오셨습니다. '공교회'가 무슨 뜻이냐는 겁니다. 순간 당황했습니다. 그리도 성실하게 공부하시면서 교회의 일원으로 믿음의 여정을 걸어오신 분이 이 용어를 모르시다니 말이죠. 난감해하면서 대화를 나눈 후 돌아오는 길에는 생각이 많았습니다.

'공교회라는 단어를 들어보지 못했다면 그건 교회의 책임일 거야. 교회가 공적인 기능을 잘하지 못하니까 구성원들에게 그런 말을 하지도 못했을 거니 말이지….'

굳이 하이데거의 '언어는 존재의 집'이라는 말을 떠올리지 않더라도 오늘의 교회의 현주소를 다시 한번 경험하는 것 같아서 씁쓸했습니다. 공적교회는커녕 교회의 내부를 점령하고 있는 힘센 이들이 마음대로 교회의 사사화privatization를 진행시키고 있는 시절이니까요. 이러한 상황에서 예레미야가 와서 예언 활동을 하면서 하나님에게로 돌아오라고 이야기한다면 우리가 몸 담고 있는 교회는 뭐라고 대답할까요? 남유다 사람들은 이렇게 반응했습니다.

> **"이와 같이 예레미야가 주님의 명대로 모든 백성에게서 주님의 모든 말씀을 선포하니 제사장들과 예언자들과 모든 백성이 그를 붙잡고 소리를 질렀다. '너는 반드시 죽고 말 것이다. 어찌하여 네가 주님의 이름을 빌려 이 성전이 실로처럼 되고**

이 도성이 멸망하여 여기에 아무도 살 수 없게 된다고 예언하느냐?' 그러면서 온 백성이 주님의 성전 안에 있는 예레미야를 치려고 그 주위로 몰려들었다." 렘26:8-9

남쪽 유다의 이런 상황을 너무나도 잘 알고 있는 예레미야는 되지도 않을 일을 시키는 하나님을 바라보면서 '엉엉' 울고 있습니다. 예언자는 하나님에게로 돌아오라고 이야기를 하는데 그 말을 듣는 사람들은 자기들은 '하나님을 잘 섬기고 있는데 도대체 어디로 돌아오라고 그러느냐'면서 면박을 주는 상황이 안타까워서 울고 있는지도 모르겠습니다. 예레미야는 삶의 바탕과 기조를 뒤집어야 한다는 말을 하고 있는데요, 이 이야기를 듣는 사람들은 하루에 수 시간씩 기도하고 있고 성경도 엄청나게 읽으면서 하나님의 뜻을 따라 걸어가고 있는데 여기서 무엇을 더하라고 하느냐며 짜증을 내는 거구요, 그러니 여전히 일그러진 기존의 바탕 위에 앉아서 지식이 없는 열정어린 믿음 길을 걸어가는 것이 안타까운 일입니다.

어쩌면 예언자를 괴롭히는 것은 백성들이 자기중심적 사고와 믿음에 굳게 뿌리를 내리고 있으면서 예언자가 전하는 이야기에 반응하지 않을 것이라는 것을 알고 있다는 것이고, 그럼에도 불구하고 하나님이 전하라고 하는 이야기를 말해야 한다는 고단함일지도 모르겠습니다.

예레미야는 많이 슬픕니다. 자신은 받아들여지지 않는 이야기를 해야 하고 이야기를 듣는 이들은 자기를 배척할 것이며 그래도 이야기를 계속하라시는 하나님의 요청에 응답해야 하는 기구한 삶을 살아야 하기 때문입니다.

강아지똥과 에스더

'엉엉' 울며 힘들어 하는 예레미야가 너무도 안쓰러워서 그랬습니다.

"혹시 에스더라는 사람은 아시나요?"

"예, 들어 봤어요~"

"그러면 강아지똥 이야기는요?"

"모르는데요~~?"

책꽂이에 꽂아두고 일 년에 한두 차례씩 읽는 동화책이 몇 권 있습니다. 그중의 한 권이 권정생 선생이 쓰신 '강아지똥'입니다. 읽으면 읽을수록 오늘을 살아가는 우리의 모습을 들여다보게 하고 또 생각하게 하는 부분이 있으니 역시 텍스트Text는 컨텍스트Context와 만날 때 상승 작용을 하나 봅니다.

그 누구도 바라보아주지 않고 쳐다보지도 않으며 주웠다가도 더럽다면서 버리곤 하는 강아지똥의 인생이 그저 쓸쓸하고 서글퍼서도 자꾸 읽는지 모르겠습니다. 유튜브를 살피다가 강아지똥을 짧은 만화로 만들어서 올려놓은 영상을 찾을 수 있었습니다. 어쩌면 강아지똥을 그리도 귀엽게 그려놓았는지요? 역시 만화영화 속에서도 여전히 천대받고 버림을 받는 강아지똥은 어디로 가야 할지를 알지 못하며 흔들리는 사람들에게는 살아가는 법을 보여주는 예쁜 선생님입니다.

강아지똥은 민들레를 만나게 되는데요. 이것이 강아지똥의 인생의 전환점이 되고 말았습니다.

"넌 누구니?"
"난 예쁜 꽃을 피우는 민들레란다."
"꽃? 얼마만큼 예쁜데? 하늘의 별만큼 고우니?"
"그래, 방실방실 빛나, 그런데 한 가지 꼭 필요한 게 있어. 강아지똥 네가 네 몸을 고스란히 녹여서 내 몸속으로 들어와야 해. 그러면 별처럼 고운 꽃이 핀단다."

강아지똥은 자신이 필요하다는 말에 얼른 민들레를 끌어안고 자기를 '잘게 잘게' 부수어 민들레 속으로 들어갔습니다. 그리고 줄기를 타고 올라가 꽃을 피우는 데 힘을 모았죠.

어떠세요? 예수님이 생각나지는 않으시나요? 저는 이 이야기를 읽을 때마다 당시 사회의 주류 세력의 비토를 받다가 십자가에 달리셔서 고단한 민초들을 위하여 자기를 산산이 부수어 내시는 예수님이 생각나거든요.

에스더는 아하수에로 왕의 아내로서 왕비의 삶을 살아가고 있었습니다. 글쎄요? 에스더는 왜 왕비가 되려고 했을까요? 아마도 에스더는 우리들의 이웃집에 사는 평범한 수준의 그런 사람은 아니었을 겁니다. 가만히 보면 에스더는 일찍이 부모를 여의고 사촌 오빠인 모르드개와 살고 있었구요, 그럼에도 불구하고 왕비가 될 수 있었다면 나름 총명하기도 하고 단단한 외모를 가지고 있으면서도 평범의 수준은 훌쩍 뛰어넘는 지략가였을 수도 있었겠구요, 나중에 임금님이 부르지도 않았는데 성큼 임금님 앞에 나아가는 걸로 보아서는 승부사 기질도 있어 보입니다. 어쩌면 출세하고 싶은 내면의 욕망을 현재의 삶에 잘 구현해내는 출중한 능력을 가진 여인일 수도 있겠구요. 하여간 에스더는 그리 만만한 수준의 성서 속의 캐릭터는 아니어 보입니다.

그런데 큰일이 났습니다. 모르드개와 하만 사이에서의 갈등이 페르시아에 사는 모든 유대인들의 생사 문제가 걸린 일로 확대되고 말았습니다. 하여간 인간의 자기중심성은 일을 그르치고 맙니다. 구차하게 자신에게 인사할 것을 강요하는 수준의 삶을 살아가는 사람들은 인생살이의 본래적인 것에 집중하기보다는 누가 자신에게 인사를 하지 않았다는 주변적이고 사소한 일로 엄청난 일을 꾸미곤 하거든요. 자기의 이익에 따라 규칙을 이리저리 만드는 이들은 오늘도 우리들의 주변에서 흔하게 나타나곤 합니다. 그러나 어쩌겠습니까? 말도 안 되는 이유로 머리를 굴려 가며 사람을 해하고자 하는 상황이 적법하게 벌어지고 말았으니 이제 모르드개는 자신의 개인적인 처신 때문에 많은 사람들의 생명의 문제를 고민해야 하는 지경에 빠지고 말았습니다.

그러니 모르드개는 자신의 사촌 여동생인 에스더에게 도움을 구합니다. 그리고는 이런 대화를 나누게 되죠.

"유대인을 모두 죽이라는 칙령이 내려졌습니다. 이 문제를 해결할 가장 유리한 위치에 있는 이는 왕비이신 에스더 당신입니다. 그러니 왕에게로 나아가서 자비를 구해주십시오."

"왕이 나를 부르지 않은 지가 몇 날이 되었습니다. 왕이 부르지 않았는데 왕에게로 나아가면 죽음을 당하는 것을 알고 계시지 않으십니까?"

그렇죠, 어떻게 오른 왕비의 자리인데 규칙을 어겨가면서, 죽음을 담보로 하면서 왕에게 나갈 필요가 어디에 있겠습니까? 어차피 페르시아에서의 삶이라는 것이 이방인의 삶이고 힘들고 고단하기는 당연한 일인데, 그런 모든 상황을 극복하고 왕비의 자리까지 올랐는데 이 시점에서 위험을 감수할 이유가 있을까요? 아마도 에스더는 고민이 많았을 겁니다.

그런데 이러한 상황에서 모르드개가 에스더에게 던지는 말이 참 기발합니다.

“이런 때에 왕후께서 입을 다물고 계시면 유다 사람들은 다른 곳에서라도 도움을 얻어서 마침내는 구원을 받고 살아날 것이지만 왕후와 왕후의 집안은 멸망할 것입니다. 왕후께서 이처럼 왕후의 자리에 오르신 것이 바로 이런 일 때문인지 누가 압니까?” 에스더기4:14

‘삶의 자리’라는 말이 있죠. 내가 살아가는 생활의 터전이라는 의미와 나의 생활의 터전에서 어느 쪽으로 방향을 정하여 살아가느냐 하는 중요한 지점을 의미하는 말입니다. 에스더가 무슨 생각을 하고, 어떤 의도를 가지고 그 자리에까지 올랐는지는 몰라도 하나님의 시간에서 보면 에스더는 이 순간을 위하여 준비된 사람이라는 모르드개의 통찰이 참으로 멋져 보이는 장면입니다. 사람들은 가야 할 길을 가지 않고 가지 않아야 할 길을 열심히 걸어가면서 자신의 삶의 방향에 대한 혼란을 경험하곤 합니다. 그러나 모르드개 같은 사람의 삶에 대한 통찰을 획득할 수 있으면 우리는 용기 있게 행동해야 하는 곳에서는 그렇게 하고, 비루하게 살지 않아야 할 곳에서는 중심을 지키며 상식적이고 공의로운 삶을 살아갈 수 있을 텐데요.

총명한 에스더는 모르드개의 말을 잘 알아들었습니다. 그리고는 위기의 순간에 금식을 하며 기도하는 자리를 만들어 냅니다. 참 멋진 순간의 연속이라는 생각입니다. 기도는 올곧은 자신의 신념을 강화하는 작업이고 그렇게 강화된 자신의 신념에 하나님의 도우심을 더하는 작업이니, 더욱이 금식을 하며 기도를 한다니, 자신의 생명의 근원이 되는 밥을 물리치면서까지 진리에 몰두하니 그렇게 강화되는 신념은 불의를 두려워하지 않는 막강한 동력이 되겠지요.

강아지똥이 자기를 '잘게 잘게' 부수는 모습과 위기의 순간에 먹거리를 뒤로하고 결단하는 에스더의 모습이 각기 다른 길을 걸어가면서도 하늘의 뜻을 구하는, 시간과 공간을 넘어서 선을 일구는 역동이라는 생각을 하면 너무 지나친 상상일까요?

자기를 녹여버리는 강아지똥은 민들레를 피웠구요, 기도를 통해서 신념을 강화시킨 에스더는 자기 민족의 생명을 다시 피워냈습니다.

지그시 눈을 감고 이야기를 듣던 예레미야가 그랬습니다.

"자기를 '잘게 잘게' 부수라구요~~?"

기억 상실증 때문에요

하나님은 정말이지 속이 상했습니다. 많이 아쉽고 고통스러울 때에는 밤새도록 기도하고 자기편이 되어달라고 졸라대며 하나님을 찾던 사람들이었는데요, 고단한 상황이 지나가고 삶이 편안해지면 자기 능력으로 문제를 해결했다고 말을 바꾸며 가서는 안 되는 곳에 들락거리고, 해서는 안 되는 일을 하면서 살아가는 사람들이 마땅하지 않으신 겁니다.

옛날 옛날, 이스라엘 사람들이 이집트에서 종살이를 할 때도 그랬습니다. 남이 시키는 것만 하면서 하고 싶은 것은 할 수 없는 생활이 너무도 고통스러웠던 사람들이 하나님에게 기도했습니다.

"하나님, 너무 힘들어요, 자유가 없는 수동적인 삶은 더는 못 살겠으니 우리를 자유가 있는 곳으로 보내주세요. 우리를 해방시켜 달라구요~"

그리고 그 기도를 들으신 하나님이 이렇게 응답하셨죠.

“주님께서 다시 말씀하셨다. ‘나는 이집트에 있는 나의 백성이 고통받는 것을 똑똑히 보았고 또 억압 때문에 괴로워서 부르짖는 소리를 들었다. 그러므로 나는 그들의 고난을 분명히 안다. 이제 내가 내려가서 이집트 사람의 손아귀에서 그들을 구하여… 저 아름답고 넓은 땅 젖과 꿀이 흐르는 땅으로… 데려가려 한다.’” 출3:7-8

이 장면을 묘사한 ‘십계’라는 영화 속의 사람들의 분위기는 노예살이를 하던 땅에서 떠난다는 설레임 때문에 거의 축제 분위기를 누리는 것으로 묘사되고 있습니다. 종살이를 면하고 자유인의 삶이 시작된다는 설레임 때문에 덩실덩실 어깨춤을 추었구요, 아이들은 신나게 부모를 따라서 가벼운 발걸음을 옮겼습니다.

그런데 한 가지 걱정스러운 내용이 있습니다. 이렇게 길을 떠나는 사람들은 자기들이 누리는 자유와 평화를 위하여 대가를 지불해야 하는 것을 이해하고 그만한 각오를 가지고 있을까요? 진행되는 상황을 보면 그래 보이지는 않습니다. 광야를 건넌 사람들은 문제 상황에 직면하자마자 바로 원망을 하고 있으니까요. 물맛도 원망의 이유 가운데 하나였습니다.

“이스라엘 백성은 모세에게 ‘우리가 무엇을 마신단 말입니까?’하고 불평하였다.” 출15:24

물이 없는 것도 아닌데 단지 물맛이 자기들 입에 맞지 않았나 보죠? 물맛이 자기들의 입맛에 맞지 않는 상황에서 이 사람들이 보인 행동은 불평을 하는 것이었습니다. 물맛 때문에 자기들의 -그리도 간절히 지속해온- 기도에 응답하신 하나님의 은총을 내던지는 수준이 기도하는 사람들의 수준이라면, 이것 참 어려운 일입니다.

물맛 때문에 불과 몇 날 전, 또는 몇 개월 전에 베풀어주신 하나님의 은총을 잊어버리는 수준이라면 이 사람들은 자기들이 누리는 평화와 자유의 삶을 위한 대가를 지불해야 한다는 것을 알고 이해할 수 있는 단계에 올라 있다고 보기는 어려울 듯합니다.

기억을 상실한다는 것은 관계가 없어지는 것을 의미합니다. 현재 우리들의 삶의 자리를 가능하게 하는 관계는 이전의 경험들에서 만들어지는 것이죠. 그렇게 만들어진 관계를 기반으로 해서 우리의 일상이 펼쳐지는 거고요. 이스라엘 사람들은 하나님의 능력을 신뢰하였기 때문에 그리도 오랫동안 자기들의 고단함을 하나님에게 이야기했을 겁니다. 이러한 간구에 하나님이 응답하시는 그 신뢰의 관계는 하루아침에 이루어지는 것이 아니거든요. 그런데 자기들의 바람이 이루어지고 나니 이 사람들은 하루아침에 마음을 바꾸어 스스로 기억상실증이라는 병증으로 들어가서 하나님과 좋았던 시간의 기억들을 자기들의 기억 속에서 지워버리고 있는 겁니다.

예레미야서에도 이러한 상황이 묘사된 내용이 있습니다.

“네가 젊은 시절에 얼마나 나에게 성실하였는지… 너희의 조상이 나에게서 무슨 허물을 발견하였기에 나에게서 멀리 떠나가서 헛된 우상을 쫓아다니며 자신들도 허무하게 되었느냐?” 렘2:2, 5.

사람들은 때때로 기억 상실증이라는 병을 앓고 싶어 합니다. 그래서 그동안의 신뢰 어린 관계를 지워버리고 살고 싶은 대로 살아갈 수 있는 삶의 자리를 마련하려고 하는 거죠. 왜 이리도 무모하게 자기의 삶을 어려운 지경으로 몰아가는 걸까요? 아마도 그렇게 하도록 하는 주요한 원인은 무지와 욕심쯤이 될 겁니다.

우리가 신뢰하는 장면은 ‘십자가에 달리신 예수님’입니다. 자기를 십자가에 올리시고 그 십자가 위에서 낮아짐과 섬김, 진리를 수용하는 삶을 이야기하는 예수가 우리가 고민하며 바라보아야 하는 대목인 거죠. 그런데 예수님의 십자가를 짊어지고 살아가는 일이 만만하지 않으니 일관된 시선을 유지하는 일이 쉽지가 않습니다. 예수님조차도 그 상황이 선뜻 받아들여지지는 않았으니까요. 그러니 누가 자기의 모든 것을 십자가 위에서 포기하고, 그러면 다른 사람만 좋아지는 것 같은 그 길을 걸어가려고 하겠습니까? 그러니 하와의 귓전을 울리는 뱀의 속삭임은 그 길을 걸어가지 않아도 되게 하는 달콤한 소리로 작동하는 겁니다.

그렇게 애써 진리를 외면하고 나면 보암직도 하고 먹음직도 한 것들이 눈에 들어오기 일쑤입니다. 그러니 자기 안에 '꽁꽁' 숨겨 놓았던 욕망이라는 녀석을 활성화시켜서 손을 대면 안 되는 그 열매를 얼른 따먹는 거죠. 이러한 상황에서 하나님은 꾸준히 말씀하시는데요,

"그러면 안 된다. 그러면 못쓴다. 그러지 말고 나하고 약속한 것을 기억하렴."

이렇게 성의껏 이야기를 해도 악의 중력은 사람들에게 정확하게 작동합니다. 그러니 하나님의 말리시는 이야기에 귀를 기울이기보다는 몸이 하자는 대로 자꾸 움직이는 겁니다. 이런 모습이 무지와 욕망으로 무장한 이들이 보여주는 삶의 특성일 텐데요, 그들은 하나님의 소리를 듣지 못하면서 자기들의 여정에 스스로 정당성을 부여하고 그 여정에 반대하는 사람들을 제거하는 작업도 마다하지를 않습니다.

이런 상황이 오늘도 하나님이 속상해하시는 이유입니다. 모두가 다 하나님의 뜻을 따른다고 하는데 세상에는 화해와 일치보다는 갈등과 다툼의 소식이 편만하고 평화로운 생활보다는 분열과 편가르기를 더 재미있어 하는 듯하니까요. 그러니 하나님의 이름으로 인간들이 만들어 내는 갈등과 다툼의 역사가 지속되고 있는 세상을 보면서 하나님은 계속 이렇게 안타까워하시는 겁니다.

“그들은 나에게 등을 돌리면서도 얼굴은 돌리지 않고 있다가 환란을 당할 때에는 ‘오셔서 우리를 구하여 주십시오’ 하고 부르짖는다.” 렘2:27

그래도 바울 같은 이들은 꾸준히 세상에 하나님의 평화가 이루어지기를 기대하고 있습니다. 이방문화로 잔뜩 채워져 있는 에베소를 향해서 이런 이야기를 전하고 있으니까 말입니다.

“우리는 하나님의 작품입니다. 선한 일을 하게 하시려고 하나님께서 그리스도 예수 안에서 우리를 만드셨습니다. 하나님께서 이렇게 미리 준비하신 것은 우리가 선한 일을 하며 살아가게 하시려는 것입니다.” 엡2:10

은총을 베풀어주시는 하나님을 잊게 만드는 기억 상실증에서 빠져나오는 일이 숙제입니다.

난 정말이지 속상해

때때로 사람들은 씨를 뿌린 후 열매까지를 거두는 인생살이를 살아갈 수 없으니 어떤 이들은 열매를 거두지 못하는 상황을 예상하면서도 씨를 뿌리기만 하는 조금은 섭섭한 인생을 살아가기도 해야 합니다. 그래도 씨를 뿌리는 이와 열매를 거두는 이들의 수고의 총합이 하나님의 뜻이 이루어지는 세상의 밑거름이겠지요?

예레미야는 고개를 끄떡이며 세미하게 들려오는 소리에 집중하고 있습니다. 그 소리를 듣는 예레미야의 미간은 자꾸 찌그러지고 입에서는 신음소리가 새어나오는 것을 보니 소리와의 대화가 그리 즐거워 보이지만은 않습니다.

"예레미야야, 난 정말이지 속상해…."

"뭐가요?"

"사람들은 내가 화를 내지 않는다면서, 내가 자비로운 존재라면서 그거 믿고 자기들이 하고 싶은 일을 다 하잖아?"

"그렇군요."

"그렇다니까… 저 자신만만한 사람들이 살아간다고 걸어간 발자국을 따라가 보면 깔끔하고 맑은 삶의 자리를 볼 수가 없어. 그러니 난 정말 속상해."

예레미야는 하나님이 하시는 말씀을 듣고 있습니다. 그리고는 난감하고 안타까운 마음을 금할 길이 없습니다. 하나님은 자꾸만 말씀하십니다.

> **"너희들이 음행과 악행으로 이 땅을 더럽혀 놓았잖아…. 지금 너희는 나를 '아버지' 그리고 '오랜 친구'라고 부르면서, '하나님은 끝없이 화를 내시는 분이 아니다. 언제까지나 진노하시는 분이 아니다' 이런 소리를 하면서 온갖 악행을 마음껏 저질렀잖아." 렘3:2, 4-5 참조**

코로나 상황이 그만하던 어느 주일 오후, 2부 예배를 시작하는데 낯선 여자 한 분이 예배실에 들어오셨습니다. 그간의 경험으로 밀려오는 느낌은 참 난감한 느낌이었죠. 그리고는 역시 예배를 마치고 나자 그 여자분은 제게로 다가와서 대화를 요청했습니다. 요점은 그랬습니다.

"ㅇㅇㅇ 모임을 해야 하는데 장소를 구하기가 어려우니 이 교회를 빌려주셨으면 해서요."

"왜 우리 교회에 와서 요청하시는데요? 코로나 상황에서 그 단체에서 개념 없이 대형 집회를 하다가 많은 확진자가 나와서 사회적으로 개신교가 어려움을 당했잖아요?”

“목사님, 우리 단체에서 나온 그 확진자 이야기는 다 오진으로 확인됐구요. 나름 기도하고 찾아온 건데요?”

글쎄요?

아무리 기도를 하고 왔어도 받아들이기 어려운 요청이니 그냥 돌아가시라고, 그렇게 대답을 하고 말았습니다.

예레미야는 계속 들려오는 하나님의 세미한 음성 때문에 난감합니다.

> **“예레미야야, 너는 이렇게 망가진 백성들을 보살펴 달라는 기도를 나에게 하지 말아라. 예레미야 네가 아무리 기도해도 나는 안 들을 거야.” 렘11:14**

왜 하나님은 예레미야에게 이런 말씀하실까요? 가만히 하나님의 말씀을 들어보면 망가진 이스라엘 백성들에 대한 하나님의 인식을 알 수도 있을 듯합니다.

> **“너희는 목이 곧아 고집이 세고 반역하는 백성이어서 나에게서 돌아서서 멀리 떠나고 말았다.” 렘5:23**

그러니 이스라엘 백성들은 이러한 하나님의 인식을 바꾸어 놓아야 합니다. 아마도 이것이 이스라엘 백성에게 주어진 당면과제일 겁니다. 그리고 이 과제를 수행하는 데 있어서 첫 번째 단계는 부르심을 들어내는 '듣기 능력의 향상'입니다.

기도는 하나님의 음성을 듣는 작업입니다. 물론 기도를 통해서 우리의 현재적 상황을 잘 말씀드려야 하겠지만 그런 작업을 성실하게 하고 난 이후에는 하나님이 우리들에게 하시는 말씀을 잘 듣는 '듣기'를 필수과목으로 반드시 수강해야 합니다. 그렇지만 이스라엘 사람들은 '말하기' 과목은 잘도 수강하면서 '듣기' 과목은 전혀 수강을 하지 않는 지경입니다. 아마 이런 상황은 오늘날 그리스도인들의 말하기에만 집중하는 열정적인 기도와 그리 다르지 않을 겁니다.

조금만 시선을 다양하게 할 수 있으면 오늘의 교회 안에서 자기주장에 관해서 양보 없는 일관성을 보이는 이들은 기도를 많이 하는 이들이라는 것을 어렵지 않게 찾아볼 수 있습니다. 유연함과 절제하기, 그리고 자기 돌아봄이 없는 굳센 믿음이 때로 갈등을 만들면서도 그것이 하나님의 뜻을 이루어가는 과정으로서 타당하다고 주장하곤 하니까요. 우리는 치열하게 맞서서 갈등을 일으키고 있는 현장에서 양측이 모두 하나님의 뜻이라며 찬송을 부르고 기도하고 있는 장면을 어렵지 않게 볼 수 있는 시절을 살아가고 있습니다.

그래도 예레미야는 하나님의 음성에 귀를 기울입니다. 그리고는 결국 이런 말을 들어내고야 말죠.

"배신한 이스라엘아 돌아오너라… 내가 다시는 노한 얼굴로 너를 대하지 않겠다. 나는 자비로운 하나님이다…. 다만 너는 너의 죄를 깨달아라." 렘3:12-13

그러나 이 말은 예레미야를 절망하게 합니다. 예레미야는 이스라엘 사람들을 잘 알고 있거든요. 예레미야가 이것이 하나님의 말씀이라고 아무리 소리를 높여서 이야기를 해도 사람들은 '자기들의 죄를 깨닫지 않을 것'이라는 것을 알고 있기 때문입니다.

예레미야는 이 난감한 상황에서 들려오는 하나님의 음성에 어떠한 마음으로 응답할까요? 가만히 들여다보니 절망적인 상황 때문에 머리를 감싸 쥐고 어려워하고 있는 예레미야의 모습이 떠오릅니다.

기도는 자기를 객관적인 존재에로 나아가게 하는 작업입니다. 자기의 생각하는 바를 하나님에게 말씀드리고 나서는 하나님의 생각은 어떠하신지를 귀 기울여서 잘 듣고, 보다 향상이 있는 삶의 자리로 나아가기 위한 과정에 자기를 담아내는 작업이죠.

어떤 이는 이렇게 기도했답니다.

"주님의 뜻을 따라서 이 세상의 모든 사람을 사랑하며 살아가겠습니다. 그런데 딱 한 사람만 예외로 해주십시오. 제가 그 사람을 사랑하지 않는 것은 합리적인 이유가 있기 때문이니 하나님도 인정해 주실 거라고 생각합니다."

그래도 어려운 상황임에도 불구하고 기도하고 있는 예레미야는 자기를 '잘게 잘게' 부수어 세상에 스며들게 하는 기도자로 나아갈 겁니다.

"하나님, 그렇지만요, 저렇게도 말 안 듣는 답답한 백성들이지만 제가 하나님에게 기도하는 시간에 하나님의 말을 잘 안 듣는 저 친구들이 기도하는 저의 마음에 담뿍 담기는 경험을 하게 해 주십시오."

암호 해독 작업

믿음의 여정을 걸어간다는 것은 끊임없이 우리들의 삶에 주어지는 암호와 같은 삶의 정황을 풀어내는 작업이고 이를 통해 우리의 삶을 보다 타당한 삶으로 객관화시키고 일반화시키는 과정입니다. 스스로를 가다듬어 아무리 정결한 삶의 여정을 걸어간다고 해도 보다 드높은 정결함과 공의로움 앞에 서게 되면 자기를 돌아보게 되고 이러한 과정을 통해서 보다 명확한 자기 삶의 좌표를 확인하게 되기 때문이죠.

이러한 상황에 예레미야의 한마디는 도움이 될 수 있습니다.

"이방사람이 우상을 숭배하는 풍속은 허황된 것이다." 렘10:3

최승호 시인은 아침마다 커피 자판기에서 커피를 뽑아 마셨나 봅니다. 그러다가 어느 날은 커피보다는 오렌지 주스가 마시고 싶어서 자판기에 돈을 집어넣고 버튼을 눌렀는데 그만 커피 버튼을 누르고 말았습니다. 그러니 시인은 "자동판매기"라는 시에서 '오렌지 주스를 마시려고 버튼을 눌렀는데 커피가 나오는 버튼을 눌렀다'고 노래하면서 습관의 무서움을 이야기하고 있습니다.

시인은 이 사소한 실수를 통해서 자신의 몸에 배어 있는 습관을 성찰합니다. 몸에 배어 있는 습관은 이성이 하고자 하는 일을 막아설 수 있음을 감지한 것일 겁니다. 그리고는 '화들짝' 놀라서 자신의 삶의 주변을 살펴봅니다. 그리고는 고정관념의 포로가 되어가는, 몸에 배어 있는 획일적 습관을 따라서 살아가는 자신을 돌이켜 보며 '정신을 차려야 한다'고 자신을 추스릅니다. 의도하지 않은 커피 한 잔 때문에 시인은 자신의 몸에 익숙하게 붙어 있는 자신의 생활 습관이 자신의 이성적 삶을 방해한다는 것을 깨닫게 된 것입니다.

야곱의 일생은 태어날 때부터 전투적이었습니다. 쌍둥이인 야곱은 형보다 먼저 세상에 나오고 싶은 욕심에 어머니의 태중에서 먼저 나가고 있는 형의 발목을 붙잡고 늘어졌죠. 그러한 출생의 순간에서 나타난 기질은 야곱이 살아가는 일상 내내 야곱의 삶에 붙어서 활발하게 작동했습니다. 형이 가지고 있는 큰아들의 권리를 탐해서 팥죽 한 그릇에 형의 권리를 빼앗은 것이 그것이고요, 아버지의 축복을 온갖 술수를 써서 가로채는 모습에서는 전형적인 사기꾼의 모습도 보입니다. 그러한 야곱의 삶의 양식은 삶의 자리를 옮긴다고 해서 바뀌는 것 같지는 않습니다. 자기중심적인 삶의 양식 때문에 삶의 자리에서 밀려나는 야곱은 외삼촌인 라반의 집으로 삶의 자리를 옮겨 가지만 그곳에서도 야곱의 살아가는 모습이 달라지는 것 같지가 않습니다. 자신이 가지고 싶은 것을 얻기 위해서는 수년 동안 대가 없이 일하는 것을 받아들이는 집요함, 자신의 소유를 늘리기 위해서는 강가에 앉아서 유전자 조작 비슷한 작업을 마다하지 않는 모습이 그런 모습일 겁니다. 그렇게 살아가는 삶은 삶의 자리를 달리한다고 해서 정착하거나 안정된 삶을 보장해주지 않습니다. 그러니 야곱은 고단한 떠돌이의 생활을 접고 고향으로 돌아가기로 마음을 정합니다.

얍복강에 이른 야곱은 삶의 자리를 옮겨 다님에도 불구하고 사라지지 않는 '불안'의 문제 때문에 심각한 고민에 사로잡힙니다. 이 '불안'은 야곱에게 다가오는 보다 나은 삶으로 나아가게 하는 암호로써 하나님이 주시는 신호입니다.

그동안 야곱은 소유를 통해서 자신의 존재를 드러내는 방식의 삶을 살아왔습니다. 그렇지만 가지고 싶은 것을 하나 소유하게 되면 내가 가지고 있지 않은 것을 가지고 있는 다른 이가 눈에 들어오고 그러면 그 사람이 가지고 있는 것을 획득하기까지 수단과 방법을 가리지 않는 치열한 삶을 살아왔던 겁니다. 그렇지만 그러한 소유와 소비를 통한 만족감은 상대적이어서 '그 누구도 빼앗아 갈 수 없는 평화'를 누리는 삶의 자리에 이르기가 만만하지 않았던 거죠. 이 순간에 하나님은 야곱에게 끊임없이 신호를 보내시는 겁니다. 그것이 바로 '불안'이죠.

야곱은 이 불안의 문제를 붙잡고 밤새도록 씨름을 합니다. 웬일인지 이 밤의 야곱은 최선을 다해서 자신의 성정을 쏟아내는 노력을 합니다. 하나님을 붙잡고 놓지 않으며 자신의 불안의 문제가 해결될 때까지 하나님을 움켜쥐고 자신의 삶과의 치열한 다툼을 하는 겁니다. 그리고는 결국 하나님의 음성을 듣게 됩니다.

“하나님, 뭐가 문젭니까? 정말 열심히 살았거든요? 어디에서도 누구 못지않게 최선의 노력을 다해서 살았는데 마음이 왜 이리도 복잡하고 불안한 겁니까?”

이렇게 기도하며 불안의 문제를 물고 늘어지는 야곱에게 하나님은 결국 이렇게 대답을 하십니다.

“이제 네가 하나님과도 겨루어 이겼고 사람과도 겨루어 이겼으니 이제 네 이름은 야곱이 아니라 이스라엘이다.” 창32:28

야곱은 얍복강으로 오셔서 자신에게 삶의 문제를 풀 수 있도록 암호를 주시는 하나님의 신호를 치열하게 풀어내고 있습니다. 하나님은 야곱이 거듭 경험하고 있는 불안의 문제는 삶의 자리와 집중력의 문제가 아니라 삶의 기반으로서의 존재의 양식에 있음을 일깨워 주고 계시는 겁니다.

신앙은 나락으로 떨어져 절망해야 하는 순간에서도 마음을 잃어버리지 않고 빛으로 다가오시는 주님의 은총의 빛에 의지해서 보다 확장된 삶의 자리를 희망하고 그 자리로 나아가게 하는 동력입니다. 앞서서 믿음의 길을 건강하게 걸은 믿음의 선조들은 하나님이 주시는 신호를 붙잡고 꾸준히 응시하며 치열하게 고민했습니다. 그리고 그렇게 깨달아진 지혜를 재조합하는 작업을 통해서 다양한 하나님의 가능성을 우리들에게 제공하는 작업을 하는 사람들입니다.

예레미야는 소유와 소비 중심적 삶을 살아가는 남쪽 유다 사람들이 하나님이 주시는 암호를 잘 해독할 수 있는 무궁한 상상력의 자리로 나아가 시를 쓰는 마음으로 살아가는 이들이 되기를 바라고 있는지도 모르겠습니다. 왜냐하면 예언자는 이렇게 기도하고 있거든요.

> **"권능으로 땅을 만드시고 지혜로 땅덩어리를 고정시키시고 명철로 하늘을 펼치신 분은 주님이시다…. 주님, 사람이 자기 운명의 주인이 아니라는 것을 깨달았습니다."** 렘10:12, 23.

먹고 토하고, 먹고 토하고

"마음이 헛헛하니 너무 답답해…."

"뭐가요?"

"사람들이 보이는 것에만 집중하잖아. 그러니까 자기들이 그리도 열심히 신뢰한다는 내 모습도 만들어 놓고, 눈에 보여야만 직성이 풀린다 하고…."

"그렇죠, 보이지 않지만 우리의 삶의 기반이 되는 가치가 분명히 있는데 말이죠."

하나님은 예레미야에게 이렇게 말하라고 하셨습니다.

"그런데 너 예루살렘아 네가 망하였는데도 네가 화려한 옷을 입고 금패물로 몸단장을 하고 눈 화장을 짙게 하다니 도대체 어찌 된 셈이냐? 너의 화장이 모두 헛일이 될 것이다." 렘4:30

사람들은 오래도록 하나님을 섬겼다고 하면서 자신은 절대로 하나님을 등지지 않을 거라고, 다른 이들은 모두 하나님을 떠난다 해도 자신은 그러지 않을 거라고 큰 소리로 말하곤 합니다. 그런데 그런 이들이 알지 못하는 한 가지가 있을 수 있습니다. 어쩌면 그렇게 큰소리를 치는 이들은 다른 이들이 하나님을 떠나기도 전에 이미 하나님을 떠나서 엉뚱한 삶을 살아가고 있다는 것 말입니다.

일찍이 하이데거라는 철학자는 이런 이야기를 했답니다. '대체적으로 사람들은 부와 명예, 또는 보이는 가치로서의 사회적인 지위 등에 대한 욕망에 사로잡힌 채로 살아간다'고 말이죠. 이런 식으로 살아가는 사람들은 자신의 눈에 비치는 모든 물상들을 수단으로 사용하곤 합니다. 그러니 그런 사고에 익숙한 사람들이 하나님조차도 자신의 목표를 달성하는 데 수단으로 사용하는 건 그럴 법한 일이구요. 그렇게 하나님을 수단으로 사용하면서도 그렇게 살아가는 사람들은 하나님을 믿는다는 굳센 믿음을 가지고 있는데 그것은 자기들의 생활양식 모두가 하나님의 뜻이라는 시대가 제공하는 일그러진 생각에 굳게 기초하고 있기 때문입니다.

예언자는 이러한 상황을 꿰뚫어 보고 있습니다. 아무리 믿음이 좋다고 자부하는 이들이 하나님의 뜻을 따른다고 큰소리치며 삶의 자리라는 마당에서 이리저리 열심히 뛰어다닌다 한들 예언자의 눈에는 진리를 알지도 못하면서 땀만 '뻘뻘~' 흘리며 뛰어다니는 철없는 아이들처럼 보인다는 겁니다. 아니, 자기만의 열정으로 혼자서 그리 살아가는 건 그나마 괜찮은데 그 무지한 열정이 다른 사람들을 고단하게 하는 것이 문제입니다. 그러니 예언자는 땅바닥을 뒹굴면서 애끓는 소리를 합니다.

"너의 모든 길과 행실이 너에게 이러한 재앙을 불러왔다… 아이고 배야, 창자가 뒤틀려서 견딜 수가 없구나. 아이고, 가슴이야. 심장이 몹시 뛰어서 잠자코 있을 수가 없구나… 나의 백성은 참으로 어리석구나." 렘4:18-19, 22절

아마도 하나님이 이 장면을 바라보고 있으시려니 씁쓸한 웃음만을 흘리실 겁니다. 남유다 사람들은 계속해서 보이는 가치에 집중하면서 정의와 진리를 수단화, 도구화할 거구요. 이런 상황이 눈에 들어오는 예언자는 땅바닥을 치면서 창자가 끊어지는 고통을 담아 소리를 질러도 남유다 사람들은 그 지경에서 한 발자국도 나아지지 않을 거니까요.

그 옛날 로마의 식도락가들이 그랬다죠? 먹고 토하고, 먹고 토하고….

죽음에는 생물학적인 죽음이 있지만 우리가 관심을 가져야 할 것은 사회적인 생명입니다. 살아 있으나 살아 있다고 말할 수 없는 저급한 지경을 살아간다면 그 사람이 살아가는 것은 '먹고 토하고, 먹고 토하는' 수준의 삶에서 한 발자국도 나아가지 못하는 거니까요. 권력을 탐하고 소유 중심적 삶의 한가운데서 살아가면서 진리와 공의로운 삶을 바라는 하늘을 향해서 눈길을 한번 줄 생각조차 하지 못한 채로 살아가는 그 삶은 '의미를 추구하는 인간의 삶'이라고 할 수는 없을 겁니다.

쇠똥구리가 평생토록 굴려낸 쇠똥 경단 속에 자기의 알을 낳았습니다. 그렇게 태어난 쇠똥구리 새끼는 쇠똥을 먹고 성장한 후에 다시 들판의 쇠똥을 찾아다니고 찾은 쇠똥을 굴려서 경단을 만들고 성체가 된 새끼 쇠똥구리는 자기가 만든 그 쇠똥 경단 속에 또 알을 낳아놓으니 쇠똥구리는 쇠똥을 벗어날 재간이 없이 대를 이어서 쇠똥의 한가운데를 '찝찝축축'하게 살아갑니다. 쇠똥구리는 자기 존재의 양식을 새롭게 할 수 있을까요? 완전히 다른 정결한 삶으로 나갈 수 있을까요?

이런 의미에서 사람으로 태어나 인간의 삶을 살아간다는 것은 은총입니다. 인간은 자기의 존재를 새롭게 만들어 낼 수 있는 존재라는 관점에서 말이죠. 부르심이 있고 때로 인간은 이 부르심에 응답할 줄 아는 존재라는 것이 희망하게 하는 요인입니다.

> **"너희 변절한 자녀들아 내가 너희의 변절한 마음을 고쳐줄 테니 나에게로 돌아오너라" 렘3:22**

이렇게 부르시는 하나님의 부르심에 대하여 인간은 이렇게 응답할 줄 알거든요.

“산 위에서 드리는 축제의 제사가 우리를 구원하지 못합니다. 이스라엘의 구원은 진실로 주 우리의 하나님께만 있습니다.” 렘3:23

키에르케고르는 이런 말을 합니다.

“인간은 고통하며 좌절의 나락으로 떨어지다가 그리스도의 은총의 빛을 경험하고 다시 희망하는 자리로 나아간다.”

인간은 꾸준히 진리를 생각하고 묵상하면서 살아갈 수 있는 존재이니 어느 순간 전환점을 경험하게 되면 그동안 자신이 추구하고 지켜왔던 삶의 양식이 사실은 다른 사람을 힘들게 하고 고통스럽게 하는 삶이었다는 것을 깨달을 수 있겠지요? 쇠똥구리처럼 쇠똥 속에서 태어나 쇠똥을 굴리며 살아가다가 다시 쇠똥 속으로 자식을 밀어 넣는 그 삶이 각성이 되고, 그리스도의 은총의 빛 아래에서 ‘참된 자신’을 발견하는 그런 날이 오겠지요?

그래도 걱정스러운 대목이 있습니다.

우리들이 ‘참된 자기’에 관한 성찰의 작업을 게을리하면 우리가 ‘참된 자신’을 발견하는 그날까지 예레미야는 창자가 끊어지는 통증을 받아내야 하구요, 예수께서는 계속해서 십자가에 못 박히시며 고통을 받아내야 하실 거니까요!

·

·

·

한 가지 정말 두려운 거는요,

자기 성찰을 게을리하면 시대정신에 매몰될 수 있고 그러면 그런 우리들이 망치를 들고 예수님에게 꾸준히 못질을 해댈 수도 있다는 겁니다.

악한 일을 하는 데 슬기롭구나

가룟 유다는 강직하고 열정적인 사람입니다. 그는 진실했고 자신의 진실함에 기초해서 당당했습니다. 열심당원인 가룟 유다가 예수를 따르기로 마음을 정했을 때는 자신의 신념을 실현해 줄 사람이 예수일 거라는 강한 확신을 가지고 있었을 겁니다. 그렇게 예수를 자신의 선생으로 받아들인 유다가 스승을 팔아넘기기로 마음을 정했을 때도 그는 여전히 바른 선택을 했다는 신념에 기초하고 있었을 거고요. 자신의 기대가 예수에게서 받아들여지지 않는다고 느껴질 때, 유다는 자신이 옳다고 믿는 그 삶의 방향을 따라서 스승을 팔아 버리게 됩니다. 그리고는 이후의 유다의 선택에서 안타까운 장면은 유다가 은 30을 던져버리면서 자신의 생명도 버리는 결정을 했다는 대목입니다.

베드로 또한 강직한 사람입니다. 물론 베드로의 내면에는 연약함이 자리하고 있긴 합니다만 그는 스승 예수의 '너는 나를 부인할 거야'라는 말에 강력한 어조로 응답을 합니다.

“절대로 주님을 모른다고 하지 않을 겁니다.” 마태26:35

그렇지만 한 어린 소녀의 질문이 자신의 신변을 위협하는 상황으로 연결될 거라는 판단이 서는 즉시로 그는 두려움에 사로잡혀 자신의 스승을 철저하게 부인합니다. 그래도 베드로가 유다와 다른 모습을 보인 것은 자신의 언행을 자각하고 바깥으로 나가 울면서 돌이켰다는 대목입니다.

인간은 연약한 존재이면서 동시에 자기중심적인 존재입니다. 자신의 필요에 따른 기도를 해달라고 요구하고 자신에게 필요한 내용의 성서를 선택적으로 읽어나가기도 하니 말입니다. 그렇게 자발성에 기초한 삶이 보장되는 상황에서 자기중심성을 따라서 고집스럽게 살아가는 것은 일을 그르치게 하기도 합니다. 자발성에 기초한 삶이 얼마나 즐겁고 자유로운 삶인데 그 자발성을 오용하여 자기중심성을 활성화시키고 자기를 타당하지 않은 삶에 집어넣으려 하니 이것 참 난처하고 어려운 일입니다.

그런데 이러한 상황은 비단 유다와 베드로만의 상황은 아닙니다. 사사 시대의 이스라엘 백성들은 자신들의 삶의 양상을 왕정 제도하에서 살아가는 다른 부족들과 비교하고 판단하기 시작합니다. 남의 떡이 더 크게 보였나요? 이렇게 비교급으로 살아가는 사람들이 그러한 비교급 안목을 그들의 지도력이 나오는 사사시대라는 사회구조에 적용하기 시작한 거죠. 물론 그동안 지도력을 배출했던 사회

시스템에 익숙해지고, 그래서 사회 운영에 나태함을 보이기 시작하니, 그러한 상황이 오래도록 지속되어 익숙해지면 지루하기도 하겠습니다. 그렇더라도 뻔히 보이는 미래가 있음에도 오늘의 익숙함과 지루함 때문에 자기들의 긍정적 자발성을 포기하는 어리석음을 범하고 있습니다.

"그러므로 이제 모든 이방 나라들처럼 우리에게 왕을 세워주셔서 우리를 다스리게 해 주십시오" 삼상8:5

그렇지만 사무엘은 이러한 백성들 요구의 끝자락이 너무도 명확하게 보이니 이렇게 대답합니다.

"왕은 당신들의 것을 가져갈 거예요, 자유인인 당신들을 결국 왕의 종이 될 거고요. 그러면 여러분들은 스스로 택한 왕 때문에 울부짖겠지만 그때에 하나님은 당신들의 기도에 응답하지 않을 건데요?" 삼상8:17-18 참조

그래도 당시의 백성들은 왕정 제도로 무장을 하고 도전해오는 다른 이들을 이겨야 한다는 의욕이 엄청나게 올라있었나 봅니다. 왕을 세워달라는 요구의 이유로 남들하고 싸워서 이겨야 한다고 말하고 있으니까요.

"악한 일을 하는 데에는 슬기로우면서도 좋은 일을 할 줄 모

른다." 렘4:22

예레미야는 고민이 많습니다. 사람들이 악한 일을 하면서도 자신이 옳다고 하는 신념에 사로잡혀 있는 상황이 눈에 들어오니 말입니다. 신앙은 욕망의 투사를 눈치채게 하고 보다 객관적인 삶의 자리로 나아가도록 하는 길잡이 역할을 해야 하는데요, 그러기보다는 자기 신념을 확인받고 신앙의 이름으로 정당하게 자기중심적 욕심을 확장시키는 그 여정을 걷는 것이 걱정입니다.

어쩌나요?

어떻게 해야 이 백성들이 본래적인 삶을 살아갈 수 있는 자리로 나가게 할 수 있을까요? 지금 백성들의 의식을 지배하고 있는 것은 사무엘 시절에 백성들이 요구해서 받아들인 중앙집권적 왕정 체제입니다. 이 체제는 능력 있는 개인의 욕망을 투사시키기에 최적화된 체제로 굳어졌으니 사실 평범한 일상을 살아가는 백성들이 새로운 삶에로 나아갈 수 있는 여지를 제공해 주지는 못할 겁니다. 부패한 왕은 백성들에게는 하루가 배부를 먹을거리를 제공해 주고 자기는 상상을 초월하는 엄청난 부를 축적하는 거니까요, 그렇지만 이러한 상황을 알지 못하는 백성들은 배고프지 않게 해주는 왕에게 열광하는 겁니다.

예레미야는 이러한 통치 기술을 발휘하는 왕의 수단에 열광하는 백성들이 무감각해졌다고 말하고 있는 겁니다. 감각이 없는 백성들은 조금씩 챙기고 있던 하루 먹거리를 못 받을까 봐 안달을 하는 거고요, 그러면 왕과 상층부의 사람들은 조금씩 먹거리를 나누어주면서 인자한 웃음을 보이고 돌아서서는 백성들이 상상할 수 없는 이익을 챙기는 거죠.

행여나 백성들이 이 대목을 알아차리면 왕권은 그 백성들을 어떻게 할까요? 왕권은 백성들이 희망하기 시작하면 그 희망을 꺾기 위해서 수단과 방법을 가리지 않을 겁니다.

예레미야는 안타까워하시는 하나님의 마음을 열심히 전달했습니다. 그렇지만 왕과 신하들은 그 말을 받아들이지 않았죠. 왜냐하면 지금 누리고 있는 번영을 포기하기에는 그 덩어리가 너무 컸거든요. 그러니 이런 성서 구절이 기록이 됩니다.

> **"그런데 왕과 그의 신하들 모두가 이 말씀을 다 듣고 나서도 두려워하거나 슬퍼하면서 자기들의 옷을 찢지 않았다." 렘** 36:24

위의 구절은 무슨 의미일까요? 혹시 당시 종교 지도자들의 메시지는 이런 거 아니었을까요? '악한 일을 하는 데 참 슬기롭구나' 하는 생각이 들도록 하는 그런 메시지 말입니다. 하나님의 뜻을 거스르면서 자기 이익을 챙기고, 스스로 지혜롭다 하며 율법을 잘 안다고 하니 말입니다.

“‘우리는 지혜를 가진 사람들이요, 우리는 주님의 율법을 안다’ 하고 말할 수가 있느냐?” 렘8:8

그러니 예레미야는 백성들의 각성을 기대하고 있습니다. 해 아래 새로운 것이 없다니 급격하게 새로운 생활 방식을 만들고 적용할 수는 없다고 하더라도 왕권은 궁극적으로 자기 권력을 지키기 위해서 백성들을 도구화한다는 것을 깨닫는 수준의 각성 말입니다. 이 깨달음은 때로 많이 갖지 못함을 속상해하며 자신의 내면에서 일었던 아상我相의 분노가 부당했다는 것을 알게 하고, 거룩한 분노를 통해서 건강한 역사를 만드는 여정에 오르게 하기 때문이겠죠? 그러니 스테판 에셀이 ‘분노하라’라고 말하는 맥락을 예레미야를 통해서 이해할 수 있을 것 같습니다. 건강한 분노에는 자기를 개방할 줄 아는 사람들이 드리는 기도가 깃들어 있다는 누군가의 말이 ‘새록’ 떠오릅니다.

“누가 스스로를 경건하다고 생각하면서도 혀를 다스리지 않고 자기 마음을 속이면 이 사람의 신앙은 헛된 것입니다. 하나님 아버지께서 보시기에 깨끗하고 흠이 없는 경건은 고난을 겪고 있는 고아들과 과부들을 돌보아주며 자기를 지켜서 세속에 물들지 않게 하는 것입니다.” 약1:26-27

'툭~' 은행이 떨어졌습니다

산책길을 천천히 걸으면서 이런 저런 생각을 이어가다가 긴 의자에 앉아서 다시 생각을 이어갑니다. 뭔가 '툭' 하는 소리에 고개를 돌려보니 은행 몇 알이 나무에서 떨어지는 소리입니다. 높은 곳에 달려 있던 은행이 땅바닥으로 떨어진 겁니다. 가만히 얼굴을 스치는 바람을 느껴보니 선선한 것이 즐겁고, 노릇하게 익어 땅에 떨어져 뒹구는 은행을 보니 '열매를 내어주는 가을이 왔구나' 했습니다. 그리도 지루하던 무더위를 잘 견뎌내니 선선한 바람을 맞으며 감사의 노래를 부를 수 있게 되었습니다.

그렇지만 고개를 돌려보면 우리가 살아가는 삶의 자리는 여전히 고단함이 가득입니다. 코로나19는 여전히 그 기세를 떨치고 있고 정치권은 조선 시대의 당파 싸움 못지않은 치열한 세력다툼이 여전합니다. 이렇게 어지러운 상황 속에서 나아가야 할 방향을 제시해야 하는 교회도 그 역할과 기능을 잘 하지 못하는 것 같으니 안타까움이 마음에 한 가득입니다.

"그러나 그들은 듣지도 않고 귀를 기울이지도 않았다. 오히려 그들은 자기들의 악한 마음에서 나오는 고집대로 살았다." 렘11:8

어느 철학자는 인간에 관하여 이렇게 말을 했습니다.

"인생의 의미를 물을 수 있다는 것이야말로 인간의 가장 본질적인 특성이다."

자기 존재의 문제를 가지고 고민을 하고 질문을 하는 것이 인간의 특성이라는 말입니다. 그렇지만 이 인간의 특성에도 '현재의 삶을 살아가는 인간'이라는 관점에서는 몇 가지 변수가 있는 듯합니다. 사람이 사람으로 존재하는 한 꾸준히 자기의 존재양식과 존재의 의미에 대해서 질문을 한다는 것이 위 철학자의 이야기로는 타당할 수 있으나 살아온 여정과 경험, 학습의 과정 등을 통해서 만들어진 현재 각 개인이 가지고 있는 생각은 자신의 존재의 문제에 관하여 질문을 하게도 하고 하지 않게도 하는 변수로 작용할 수 있기 때문입니다.

이렇게 사람의 생각 틀에 중요하게 작용하는 변수들은 권력욕, 소유욕, 그리고 종교적 신념 등일 겁니다. 이러한 변수들에 사로잡혀서 살아가게 되면 우리의 삶을 조망하게 하는 시야가 확장적으로 작동하기보다는 배타적이고 폐쇄적으로 작용할 가능성이 훨씬 높아지니까 말입니다.

"사울은 수천 명을 죽이고 다윗은 수만 명을 죽였다." 삼상18:7

백성들이 이런 노래를 부를 때에 사울의 속에서는 화가 치밀어 올랐습니다. 사울은 그런 수준을 살아가는 사람이었죠. 이미 그는 권력이라는 변수에 사로잡혀 있습니다. 권력을 통해서 다른 이들의 삶을 유익하게 하는 일을 하려 하기보다는 쥐고 있는 권력을 유지하고 더욱 강화하려는 의지를 가지고 있습니다. 그러니 자기 휘하의 누군가가 영향력 있는 일을 하고 주변의 사람들의 칭찬을 받는데 그 상황에 공감하지 못하고 자신의 마음속에서 일어나는 질투심에 자기를 내어 주는 수준의 삶으로 굴러 떨어지고 말았습니다.

사울이 왕이 될 때만 해도 그는 하나님의 사람으로 선택을 받을 만한 사람이었습니다. 그러나 이후의 사울은 자신에게 영향을 미치는 주변의 변수들을 무비판적으로 받아들이면서 권력의 맛에 빠져들었고 자신에게서 악한 생각을 제거해주고 선한 생각을 심어주는 노래하는 다윗에게 창을 던지며 살기를 표출할 정도로 자기중심적 사고 체계에 기반하여 살아가게 된 것입니다.

사울이 경험하고 있는 무비판적 권력 지향형인 인간의 상황에 대하여 하이데거는 '비본래적인 삶'이라고 말했습니다. 자기가 살아가야 할 정직하고 공의로운 삶을 살아가지 못하고 또는 자신이 걸어가야 할 정확한 방향으로 나아가지 못하고 자신의 이익을 위하여 곁길에 눈길을 주고 조금은 편해 보이는 길로 그 발걸음의 방향을 틀어

버리는 삶의 방식을 일컫는 말일 겁니다.

사실 하나님은 이렇게 약속을 하시는 분입니다.

"나에게 순종하고 내가 명하는 모든 것을 실천하면 그들은 나의 백성이 되고 나는 그들의 하나님이 될 것이다." 렘11:4

하나님의 뜻에 순종하고 그 뜻을 따라 실천이 있는 삶을 살아간다는 것은 무엇일까요? 자신의 존재의 실체를 정확하게 보아내라는 이야기가 아닐까요? 자신의 삶의 기반이 무엇인지를 알아 볼 수 있어야 하고 비본래적인 삶에 기반하고 있다는 것이 깨달아지면 자기를 절대 진리 앞에 세워서 눈의 비늘이 벗겨지는 경험을 하면서 본래적인 삶의 자리를 보아내야 합니다.

그렇지만 이러한 작업이 잘 이루지지 않으니 세상의 소란이 멈출 기미가 보이지를 않습니다. 모두가 하나님의 뜻을 따라서 살아간다고 큰소리로 자기의 삶의 방식을 드러내고 홍보하는 요란한 시절을 살아가는데 이상하게도 세상 속의 악은 더욱 성하고 사람들의 삶은 복잡하기만 합니다.

이런 상황에서 어떠한 삶이 하나님의 뜻을 따라가는 삶인가를 살펴볼 수 있는 척도가 있습니다. 그것은 누가 자기중심성을 드러내는가 하는 것입니다.

드러내고, 그리고 노골적으로 자신의 의를 주장하는 이들이 살아가는 방식을 보면 자기의 이익을 실현할 수 있는 구조를 열심히 만들면서 자기가 세상의 중심인 것을 주장하는 것을 주저하지 않습니다. 그러나 겸허한 마음으로 주변에 불편을 주지 않으려고 섬세하게 자신의 삶의 자리를 살피며 살아가는 사람들은 자신의 생각이 모두에게 적용되는 유일한 규범과 척도가 아니라는 것을 알기 때문에 보다 많은 사람들이 공감할 수 있는 타당하고 공평한 구조와 조직을 만들려고 애를 씁니다. 또한 타당하고 공평한 구조는 지식이 없는 열정으로는 만들어지지 않으니 꾸준히 공부하며, 다양한 경우의 수를 탐색하며 확장된 삶의 지평으로 나아가려는 노력을 꾸준히 하는 것입니다.

잘 익은 은행 한 알이 땅바닥으로 떨어졌습니다. 눈을 들어 은행나무를 살펴보니 아직 설익은 푸릇한 은행들이 기세 좋게 매달려 있습니다. 나무 위에서 떨어져 뒹굴뒹굴 땅바닥을 뒹구는 노릇노릇 무르익은 은행을 바라보니 기세 좋게 나무에 달려 있는 푸릇한 은행들의 몇 날 후의 모습이 눈에 들어옵니다.

그렇지만 사람들의 살아가는 방식은 노릇노릇 무르익은 은행과는 달리 참으로 다양하니 각 사람의 삶의 여정을 따라 어떤 이는 바울처럼 죽임에서 살림으로의 방향 전환이 가능한 삶을 살아가기도 하고 어떤 이는 사울 임금처럼 역전환해서 비참하게 삶을 마감하기도 하는 것이 상대적으로 안타까운 일입니다.

예레미야는 '주님, 형벌로 주님의 백성을 채찍질 하여 주시되… 너그럽게 다스려 주십시오'라고 기도하고 있습니다. 창자가 끊어지는 통증을 감내해서라도 하나님의 구원의 손길을 경험하고자 하는 예언자의 간절한 기도입니다.

예언자의 기도를 따라서 믿음의 길을 걷는 이들의 삶의 여정이 잘 여문 은행이 땅으로 떨어지는 것처럼 무르익었으면 좋겠습니다.

냉이꽃이 피어 있습니다

자세히 보니
냉이꽃 피어 있다.
울타리 옆

마쓰오 바쇼, 『바쇼 하이쿠 선집』

일본 하이쿠 시인인 바쇼의 시입니다. 가만히 꽃을 바라보는 시인의 마음과 그 분위기를 느껴보면 꽃을 내 것으로 만들려고 하는 노력보다는 자신의 눈에 들어온 소박한 꽃 한 송이를 바라보면서 감탄하고 즐거워하는 모습입니다. 꽃은 줄곧 거기에 있었을 텐데 평소에는 꽃의 존재를 알아차리지 못하다가 그날따라 유난히 시인의 눈에 들어온 꽃이 시인의 경탄을 자아내게 했겠고요.

만약에 오늘날 힘깨나 쓰는 실용주의나 합리주의가 이 꽃을 보았다면 아마도 이 꽃이 어떻게 피었으며 이 꽃이 그곳에 자리를 잡는 과정은 어땠는지 등을 알려고 하고, 그 원인과 결과를 따져서 사람의 삶에 유익을 주는 방안을 찾으려고 할 겁니다. 그런 작업을 위해서는 꽃을 꺾는 일도 마다하지 않을 거고요. 뭐 그렇게 해서 많은 사람들이 보다 나은 삶을 살아가는 데 도움이 된다면 대부분의 사람들은 꽃을 꺾는 일에 크게 이의를 제기하지 않을 듯도 합니다. 그렇더라도 그렇게 살아가다가 숨이 턱까지 올라와서 가슴이 답답하고 숨 고르기가 되지 않는 지경이라면 그건 좀 안타깝다는 생각입니다.

우리의 살아가는 일은 때로 따듯한 햇살 아래에 앉아서 눈에 들어오는 꽃 한 송이를 내 것으로 만들려는 실용적 접근이나 소유중심적 접근보다 그냥 거기에 피어 있는 꽃 한 송이를 인정해주고 사랑해주는 자비로운 시간을 즐길 수 있어야 하지 않을까요?

그런데요,
그렇게 차분한 호흡과 함께 살아가기를 바라시는 하나님의 바람은 욕심꾸러기 사람들에 의해서 자꾸만 깨져나가는 형국입니다.

"이 어리석고 깨달을 줄 모르는 백성아, 눈이 있어도 볼 줄 모르고 귀가 있어도 들을 수가 없는 백성아… 너희는 목이 곧아 고집이 세고 반역하는 백성이어서 나에게서 돌아서서 멀리 떠나고 말았다." 렘5:21, 23

왜 이스라엘 사람들은 자꾸만 하나님을 떠나면서 가지 말라는 곳으로 가는지 답답합니다. 욕심쟁이인 이 사람들은 실용적이고 합리적인 삶에 동의하며 계산적 사고의 아들과 딸로 살아가는 건 아닐까요? 가만히 바쇼의 시를 들여다보면 냉이꽃은 꽃을 피우면서 시의 소재를 염두에 둔 채로 '바쇼의 눈에 띄어서 예쁜 시로 다시 태어날 거야' 하는 생각을 가지고 있었을 것 같지는 않습니다. 냉이꽃은 그냥 피어나는 걸 겁니다. 냉이꽃은 그렇게 아무 생각 없이 피어나지만 그 냉이꽃을 보는 실용적이고 합리적이라는 사람들이 '예쁘다', '아름답다' 등의 가치를 부여하고 그 가치를 시장의 가격으로 매겨놓으면 구매 충동에 흔들리는 사람들이 이리저리 냉이꽃의 가치를 따라 경쟁적 구매 전쟁을 벌이는 구조가 만들어지는 거고요. 땅속의 다이아몬드는 정말로 비싼 보석일까요? 혹 사람들이 다이아몬드의 의사와는 상관없이 일방적으로 가치를 부여해서 비싸게 만들어 놓고 자기들의 잇속을 채우거나 자기를 과시하기 위한 과정에서 만들어진 가치 포장적 제품은 아닐까요?

이스라엘 사람들은 자기를 있는 그대로 인정해주는 하나님에게는 만족할 줄 모르는 사람들입니다. 이 사람들은 무언가 보이는 것이 주어져야만 호탕하게 웃어대고 누군가가 자신의 어깨에 블링블링한 계급장 하나를 달아주어야 '역시 나는 잘난 사람이지' 하며 살아가는 사람들이니 말입니다. 그런데 하나님은 이 사람들 눈에는 보이지 않는 존재이시고 딱히 자랑할 만한 것을 제공해 주는 분도 아닌 것 같으니 이런 소리를 늘어놓습니다.

"이 백성이 주님을 부인하며 말한다. '그는 아무것도 아니다.

어떤 재앙도 우리를 덮치지 않을 것이다. 우리는 전란이나 기근을 당하지 않을 것이다.'" 렘5:12

이런 소리를 하며 살아가는 사람들이니 뭔들 가만히 놔두겠습니까?

예수님은 활동하시면서 맞닥뜨린 욕심어린 이런 상황이 마땅하지 않으니 또 다른 삶의 지평이 있음을 소개하고 계십니다. 배가 부르도록 빵을 먹었으니 넉넉하게, 자비롭게 살아가는 법에 관한 삶의 자리를 생각해보자는 제안을 하셨었죠.

"내가 주는 빵은 배불리들 잘 먹었지? 배가 빵빵하게 부르지? 그러면 이제부터는 영원히 목마르지 않는 생명의 빵을 나누어야지~"

그런데 빵 다섯 개와 물고기 두 마리로 배부르게 먹은 군중들은 이런 예수님의 이야기를 잘 이해하지 못합니다.

"이 말씀이 이렇게 어려우니 누가 알아들을 수 있겠는가?" 요한6:60

그리고는 사람들은 예수님을 떠나갑니다. 떠나가는 사람들이 이야기하죠. '에이 먹을 거나 주지, 뭐가 그리 어려워?' 아마도 예수님은 고민이 많으셨을 거예요. 그렇더라도 자기 주변의 사람들에게 성의껏 이야기를 하셨을 거고요. 예수님이 하시는 이야기는 '너희는 하나님의 형상으로 창조된 너희 자신인 채로 살아가라'는 말씀인 건데요, 그런데 사람들은 말하는 사람의 속내를 헤아리기보다는, 또는 말하는 사람의 의중을 이해하려 하기보다는 실용적인 기준을 가지고 판단을 합니다. 그러니 받아먹을 거를 다 받아먹은 사람들은 예수님에게 냉정하게도 등을 돌리고 떠나갑니다. 그렇게 떠나가는 사람들을 보면서 예수님은 자신의 열두 제자들에게 이렇게 묻습니다.

"너희도 나를 떠나가려 하느냐?" 요한6:67

이 대목이 참 재미있는데요, 베드로는 '선생님에게 영생의 말씀이 있는데 우리가 누구에게로 가겠습니까' 하고 힘차게 대답을 합니다.

진리를 듣고 그 들은바를 내면화시키기 위해서 꾸준히 기도하며 살아간다는 사람들이 마음속의 비교급적 사고가 극복되지를 않으니 자꾸만 넘어집니다. 십자가에 달리신 예수님을 묵상하면서 낮아짐, 자기 포기, 섬김 이런 것을 묵상하다가 문득 누군가가 어깨에 번쩍거리는 계급장을 달고 나타나기라도 하면 제어되지 않는 시기심, 질투심, 경쟁심을 활성화시켜서 자기도 그 계급장을 달고 누군가에게 자기 과시를 할 수 있는 그때까지 열심히 곁눈질하며 살아가려는 의지를 살려냅니다. 그러다가 누군가가 '예수님을 묵상한다더니 조금 다른 길을 걷고 있네요' 하고 물어오면 주저하지 않고 지금 자신의 발걸음이 하나님의 뜻이라며 자기합리화 작업으로 태세를 전환하며 열변을 토해 냅니다. 그러니 하나님은 예레미야에게 이렇게 말하라고 하십니다.

"악한 짓은 어느 것 하나 못하는 것이 없고 자기들의 잇속만 채운다. 고아의 억울한 사정을 올바르게 재판하지도 않고 가난한 사람들의 권리를 지켜주는 공정한 판결도 하지 않는다." 렘5:28b

그래도 사람들은 꿈쩍도 하지 않습니다. 자기들은 기도하면서 깨달은 하나님의 뜻을 따라 살아가고 있는데 무슨 엉뚱한 소리냐고 오히려 되묻고 있는 형편인 거죠.

길가에 피어 있는 냉이꽃 한 송이가 아무 걱정 없이 냉이꽃인 채로 평화를 누렸으면 정말 좋겠습니다.

눈치채기 작업

"하나님, 아무리 이야기를 한다 한들 뭐 사람들이 알아먹겠습니까?"
"그렇지? 사람들이 네가 하는 말을 잘 알아먹지 못하지?"
"그러니 제 속이 부글부글 끓어오르는데요, 더 이상 가슴에만 담고 있는 것도 어렵구요"
"그러니 어쩌면 좋으냐? 힘센 사람들이나 힘이 약한 사람들이나 다들 서로 속고 속이며 살아가고 있으니, 예언자와 제사장이라는 사람들도 백성들을 속여먹고만 있으니 나도 속이 터질 지경이구나" 렘6:10-13

예레미야가 활동하던 시절의 사람들은 시대정신을 받아들이는 수용 능력이 정말로 탁월했나 봅니다. 이 사람들은 시대가 주는 달콤 편리한 사회 구조와 그에 따른 제도들을 마음껏 받아들이면서 선조들로부터 전해져 내려오는 본래성과 하나님을 섬기는 백성으로서의 주체성을 잃어버린 줄도 모른 채로 열심히 살아가고 있는 겁니다.

당시의 예언자들과 제사장들도 본래성에 근거한 정체성을 성찰해내지 못한 채로 왜곡된 시대정신과 그에 기반한 집단 이기주의에 매몰되어 있는 성실한 예언자와 제사장으로 살아가고 있었을 거고요, 그런데 하나님은 그게 불편하셨던 겁니다.

돌이켜 보면 70~80년대쯤에 예언기도를 한다는 사람들이 교회 안에서 활발했던 시절이 있었습니다. 그리고는 예언기도를 한다면서 예배당에서 밤을 새우며 누군가의 미래를 말해주기도 하곤 했는데요. 그러나 곰곰이 생각해 보면 예언을 미래에 일어날 일을 선제적으로 알아맞히거나 다가오는 불행을 예측하고 막아준다는 의미로만 이해하기에는 그 의미가 그리 만만하지 않잖아요?

구약의 예언자들이 미래에 일어날 이야기를 전하기도 했지만 예언자들이 그런 형식의 예언을 했던 것은 자기 능력을 과시하려는 것이 아니라 엉뚱한 일이 벌어지도록 살아가는 사람들에게 하나님의 의중을 전달하고, 구부러지고 삐뚤어진 삶의 양식을 바르게 하도록 돕기 위함이었던 거였죠.

그런 맥락에서 예레미야는 하나님의 생각을 열심히 사람들에게 전하는데도 그 말을 받아들이기보다는 오히려 비웃기만 하는 사람들이 안타까운 겁니다. 그러니 하나님께 자신의 고단하고 애처로운 상황을 토로하고 있는 거죠. 이 상황에서 하나님은 다시 예레미야에게 말할 거리를 전해주고 계십니다.

"너희들 이스라엘 사람들아, 화려하고 번쩍거리는 삶을 살아가니까 행복하지? 그렇지만 너희들이 정신없이 달려가고 있

는 발걸음을 잠시 멈추고 이전에 너희들이 걸었던 길이 무엇인지, 정말로 너희들이 걸어가야 하는 길이 어느 쪽인지를 잘 살펴보도록 하게~" 렘6:16 참조

그렇지만 당시의 예언자들과 제사장들은 이렇게 말씀하시며 다가오시는 하나님을 알아차리지 못했습니다. 무슨 소리인지를 이해하지도 못했구요. 하나님은 당시의 백성들이 기반하고 있는 삶의 자리를 살펴서 그 자리를 지배하고 있는 의식과 생활양식에 대항할 수 있는 새로운 생활 양식, 본래적인 생활 양식을 백성들에게 제공하라는 전환적 제안을 하고 계시는 건데요, 뭐 이런 하나님의 제안을 통찰하고 수용할 수 있는 수준의 예언자와 제사장들이었다면 예레미야가 활동할 일이 없었을 겁니다.

예언자가 하는 일은 사회를 읽어내는 통찰력을 획득하고 그것을 잘 유지하는 일입니다. 그렇게 마련한 통찰력으로 백성들의 삶이 비틀린 다수 문화에 편입되어서 비본래적인 삶을 살아가는지를 살펴서 알아차리고 그러한 정신적 위기 상황에 경종을 울리는 작업입니다.

아마도 이런 일을 잘 해내는 예언자라면 망가지고 왜곡되어 버린 종교질서는 점진적 개선이라는 방식보다는 새로운 질서를 위한 '건강한 단절'을 제안할 수도 있을 겁니다. 그러나 이러한 하나님의 제안에 대해서 당시의 다수를 이루고 있는 예언자와 제사장들은 '새로운 질서를 위한 건강한 단절'이라는 하나님의 제안을 받아들이지 못하겠지요. 이미 이들은 이해관계를 초월한 순결한 광야예언자가 아닌 기득권을 누리는 일에 집착하는 얼룩진 궁중예언자Cultic prophet가 되어 있기 때문입니다.

"건강한 단절이라고? 이 무슨 궤변인 거야? 우리가 얼마나 열심히 묵상하면서 하나님의 뜻을 따라 살아가고 있는데… 하나님, 예레미야 저 사람은 왜 저런대요, 정말 이상한 사람 아닙니까? 그러니 예레미야를 감옥에 가두어야 해요. 그게 하나님의 뜻이잖아요?"

이렇게 예레미야의 이야기를 받아치는 사람들의 마음속에는 '내가 어떻게 해서 여기까지 왔는데 이 모든 것을 포기하고 새로움을 위한 단절을 받아내라는 거야, 내가 땀을 흘려 국가를 건설하고 공동체를 꾸려냈는데 그 보상을 받는 게 무슨 문제라도 된다는 거야?' 하는 생각을 하고 있을 거고요. 그런 입장을 가지고 있는 사람들이 모여서 패거리를 이루고 몰려다니면서 여론을 형성할 겁니다. 기득권을 누리는 사람들은 여러 가지로 넉넉하니 힘도 강할 것이 분명하고요. 그러니 이들은 아무리 역겨운 일을 저지른다 해도 부끄러운 줄을 모릅니다.(렘6:15)

그러니 '눈치채기'는 새로운 삶의 자리로 나아가는 데 있어서 매우 중요한 요인입니다. '눈치채기'는 자기 성찰 작업과 더불어 세상에서 벌어지는 상황에 깃들어 있는 뜻과 의미를 읽어내는 능력입니다. 눈치채기는 이스라엘 백성들이 이집트에서 빠져나오는 과정에서도 살펴볼 수 있는데요, 열 가지 재앙이 벌어질 때 이스라엘 백성들은 이집트의 속내를 눈치챈 겁니다. 이집트는 약속을 지킬 의지가 전혀 없다는 것을 말이죠. 사백 년 전의 요셉의 업적은 이집트 역사책의 한쪽 구석에서 먼지를 뒤집어쓰고 있는 지경이구요. 이집트는 자기들의 주도권을 위협하는 히브리인들에게 자유로운 삶을 제공할 의지가 전혀 없는 거죠. 그리고 모세는 이러한 상황을 눈치채고 기존의 질서와의 단절을 요구했고 히브리 노예들은 모세가 말하는 단절에서 희망을 보고는 광야의 생활을 선택하며 분연히 일어서는 겁니다.

그러나 예레미야가 살던 시절은 모세 시절의 상황과는 그 양상이 전혀 달랐습니다. 예레미야는 이스라엘 사람들에게 하나님의 뜻을 꾸준히 전하고 있지만 이스라엘 사람들은 망가진 시대정신에 파묻혀서 정신을 차리지 못한 채로 눈치채기 작업을 소홀히 하고 있습니다.

> **"나는 또 너희들을 지키려고 파수꾼을 세워놓고 나팔소리가 나거든 귀담아 들으라고 가르쳐 주었으나 너희는 귀담아 듣지 않겠다고 하였다." 렘6:17**

나라가 외세의 위협에 '흔들흔들' 위험한 상황임에도 불구하고 그들은 눈앞의 화려함과 배부름에 눈이 멀어서 그 위기를 알아보지 못하고 있습니다. 아니, 오히려 자기들은 하나님을 잘 섬기고 있는데 웬 듣지도 보지도 못한 사람이 나타나서 성실하게 살아가는 자기들의 믿음의 여정에 방해를 놓는다며 화를 내고 있는 형국이니 그 눈치 없는 기득권 세력의 위세에 예레미야는 흐느끼고 있습니다.

그래도 한 가지 희망이 있습니다.

예언자가 전하는 비판어린 메시지는 백성들의 안목을 열어줄 겁니다. 예언자의 소리를 들을 의지도 없고 반응하지 않는 사람들 중에 몇몇이 고개를 갸우뚱 하다가 '그래?' 하고 돌이킬 수도 있을 거구요. 그러면 희망이 싹을 틔우는 겁니다.

어차피 왜곡된 다수가 세상을 어질러 놓으면 본래적인 정신을 수용하는 어머니의 마음을 가지고 있는 소수가 흐트러진 세상을 손마디가 아스러지도록 수습하며 정결 작업을 하는 거니까요.

가던 길을 멈추고 살펴보세요

나단은 아무리 생각해도 이해할 수가 없습니다. 모든 것을 다 가지고 있는 임금이 겨우 하나를 가지고 있는 이의 것을 빼앗다니 말입니다. 그것도 자기에게 충성을 다하는 사람의 가정을 망가뜨리다니요.

"임금님, 이걸 어찌합니까? 어떤 부자가 암양 한 마리로 먹고 사는 사람의 양을 빼앗았으니 말입니다."

"이런 말도 안 되는 일이 있나? 그런 일을 한 사람은 죽어야 할 것이고 빼앗긴 이에게는 네 배로 갚아주도록 하세요."

이렇게 대답하는 임금인 다윗에게 속이 상한 나단은 이렇게 하나님의 마음을 전했습니다.

"그게 바로 너거든? 너는 어째서 너의 충성스러운 신하의 아내를 빼앗을 수가 있어? 그러니 너의 집안에서는 칼부림이 날 거고, 수치스러운 집안이 되고 말 거야."

분노할 줄 아는 능력을 가지고 있던 나단 덕분에 그래도 다윗임금은 자신의 잘못을 깨닫고 돌이킬 수 있었습니다. 그렇게 나단은 광야예언자로서의 소명을 다하는 삶을 살아가고 있었습니다. 그런 나단이 정치 권력에 편승하는 궁중예언자로 자기의 정체성이 변해가는 것을 몰랐나 봅니다. 다윗의 후사를 정해야 하는 시기에 나단은 밧세바를 만납니다. 그리고 이렇게 말하면서 솔로몬이 왕이 되는 일에 한몫을 합니다.

"마님이 임금님과 함께 말씀을 나누고 계시면 저도 마님의 뒤를 따라 들어가서 마님께서 말씀하시는 것을 도와드리겠습니다." 왕상1:14

예레미야는 넋을 놓고 앉아 있습니다. 아무리 하나님의 이야기라고 하면서 주변의 사람들에게 이런저런 이야기를 전해줘도 돌아오는 것은 조롱뿐이니 답답한 마음입니다. 문득 '그냥 주류세력에 편입돼서 살아갈까?' 하는 생각이 들어오기라도 하면 혼란스럽기가 그지없는 시간을 경험하기도 합니다. 어쩌면 이렇게도 듣기 좋고 보기 좋은 소리는 잘도 받아내면서 하나님의 본래적인 마음에는 관심을 하지 않는 걸까? 예레미야의 눈에는 샘이 물을 솟구쳐 내는 것처럼 도시 전체가 악을 생산해내고 있는 것(렘6:7)이 너무나 명확하게 보이는데도 아무도 알아차리지 못하고 피둥피둥 살을 찌우는 데만 몰두하는 것이 안타까운 겁니다.

그래도 다행스러운 것은 예레미야는 분노할 줄 아는 능력을 가지고 있습니다.

"제가 말하고 경고한들 누가 제 말을 듣겠습니까?… 그들을 향하신 주님의 진노가 제 속에도 부글부글 끓고 있어서 제가 더 이상 주님의 진노를 품고 있을 수 없습니다." 렘6:10-11

예레미야가 정말 속상한 것 중의 하나는 당시의 종교 지도자들입니다. 이 사람들은 자기들의 민족의 운명이 바람 앞의 촛불 신세인데도 그러한 상황에 대한 긴장감은커녕 백성들에게 헛헛한 소리만을 해대고 있기 때문입니다.

"예언자와 제사장까지도 모두 한결같이 백성들을 속였다. 백성들이 상처를 입어 앓고 있을 때에 '괜찮다! 괜찮다!' 하고 말하지만 괜찮기는 어디가 괜찮으냐? 그들이 그렇게 역겨운 일을 하고도 부끄러워하기라도 하였느냐? 천만에! 그들은 부끄러워하지도 않았고 얼굴을 붉히지도 않았다." 렘6:13b-15

하나님은 우리들에게 분노하는 능력을 주셨습니다. 이 분노하는 능력은 예언자들의 내면에서 정확하게 작동을 하였죠. 분노의 능력이 엘리야의 내면에서 작동할 때 엘리야는 이방종교와 그 제사장들을 이겨낼 수 있었구요, 분노의 능력이 세례요한에게서 작동할 때에는 자기에게로 다가오는 이들에게 '독사의 새끼들아' 라고 소리를 지르면서 회개를 촉구할 수 있었습니다. 예수님의 내면에서 작동한 분노하는 능력은 성전을 본래적인 것으로 돌려놓으라면서 장사꾼들의 판매대를 엎어 버리셨구요, 그렇지만 결국 예수님의 분노가 멋진 것은 자신의 분노를 십자가 위에서의 자기 포기를 통한 희생과 헌신으로 승화시키셨다는 것입니다.

만일 예레미야가 오늘의 그리스도교를 본다면 예레미야의 분노는 어떻게 표현이 될까요? 사사화privatization되어 있는 교회, 성직자들의 욕심과 타락상, 그리고 뒷짐을 진 채로 무언의 공감을 보내는 무리들, 무심하게 바라보고 있는 구성원들, 아마도 예레미야의 분노는 타락한 사람들보다는 그 상황을 아무 생각 없이 바라보고 있는 구성원들에게로 향하지는 않을까요? 그리고 이렇게 말할 것 같습니다.

> **"가던 길을 멈추어 살펴보고 옛길이 어딘지, 가장 좋은 길이 어딘지를 물어보고 그 길로 가도록 하세요… 이렇게 이야기를 하는데도 그런데도 여러분들은 여전히 그 길로는 가지 않겠다고 하는군요." 렘6:16**

사람들이 자기가 걸어가는 길에서 돌이키지 못하거나 돌이키지 않는 이유가 궁금합니다. 그 이유는 아마도 몇 가지가 될 듯한데요, 자기가 걷는 길이 정확한 길이라고 하는 배타적인 자기 확신이거나, 또는 그 길을 걸어가면서 이리저리 누리고 있는 이익과 혜택이 달콤하기 때문일 수도 있구요, 또는 과거의 신화적인 세계관에 사로잡혀 있기 때문에 보다 타당하고 합리적인 사고의 세계에 들어서지 못하는 자기 한계 상황일 수도 있을 겁니다. 종교는 사람을 신화적인 세계관 속에서 살아가게 하는 희한한 능력을 가지고 있거든요.

그래서일까요? 이런 상황을 일찌감치 눈치챈 듯한 바울은 자기의 후배 목회자인 디모데에게 이렇게 이야기하고 있습니다.

"디모데여, 그대에게 맡긴 것을 잘 지키십시오. 속된 잡담을 피하고 거짓 지식의 반대이론을 물리치십시오. 반대이론을 내세우다가 믿음을 잃은 사람도 더러 있습니다." 딤전6:20-21

뭐 말言이 없어서, 건강한 조언과 충고가 없어서 사람들이 거짓지식에 사로잡히겠습니까? 말을 해줘도 알아듣지 못하고 자기가 진리라고 하는 자기 확신에 빠져 있는 채로, 보다 객관적인 자기성찰을 해내지 못하는 상황이 문제인 거죠. 요즘의 신앙체계는 일방적인 자기 확신에 빠져 있는 이들에게 보다 객관적인 자기성찰의 자리에로 나아가도록 하는 기능도 잘 하지 못하고 있는 것처럼 보입니다. 그러니 삶의 자리에서 분노해야 할 내용을 찾아내지 못하고 세상은 일그러져 가는데도 별 문제가 없다고, '평화롭다'를 외치면서 안심하며 살아가는 겁니다.

어떻게 하죠?

예언자 예레미야는 끝이 안 보이는 답답하고 외로운 인생을 살아가야 하는 안타까운 여정을 앞에 두고 있습니다.

잘못 켜진 방향 지시등

참 안타까운 노릇입니다.

아무리 생각해봐도 남쪽 유다 사람들은 뭔가에 홀린 듯한 상황을 살아가고 있는 것으로 보입니다. 이들은 무엇 때문인지 자기들의 자녀들까지도 이방신에게 제물로 드리고 있습니다.

"또 그들은 자기들의 아들과 딸들을 불태워 제물로 바치려고 '힌놈의 아들 골짜기'에 도벳이라는 산당을 쌓아놓았는데 그런 것은 내가 명하지도 않았고 상상조차 하여본 적이 없다." 렘7:31절

도대체 무엇이 자기들의 자녀들까지도 불에 태워서 제물로 드리도록 했을까요?

아마도 풍요와 번영, 그리고 그 지경에서 누려야 하는 권력에 대한 욕망이 자기들의 자녀들을 그런 지경으로 몰아가도록 했을 겁니다. 유다의 지도층에 있는 이들은 자기들의 자리와 지위를 지키기 위해서 공평과 정의를 이야기하는 하나님보다는 자기들의 위치를 공고히 해주고 자기들의 삶의 방식을 지지하는 이방신을 선택했을 거고요. -그들은 그 이방신을 하나님이라고 불렀을 겁니다.- 그리고 열정적으로 이방신을 섬기며 자기들의 자녀들에게도 이방신이 자기들에게 번영과 풍요로움을 가져다주는 참된 신이라며 자녀들의 어린 시절부터 꾸준히 가르쳤을 겁니다. 그러니 그렇게 자라난 아이들도 부모들이 켜주는 방향 지시등을 따라서 성실하게 그 길을 걸었겠지요. 그렇게 오만한 승자가 되는 길을 꾸준히 걸어가는 자녀들을 위해 부모들은 최선을 다해 지지하며 응원합니다. 그런 환경을 당연하게 받아들이며 부모가 제시해주는 방향 지시등을 따라 성장하는 자녀들은 이기기 위해서라면 수단과 방법을 가리지 않는 생활 자세가 몸에 배게 됩니다. 그러니 하나님은 안타까운 마음에 다시 한번 이렇게 말씀하십니다.

"내가 너희의 조상들을 이집트 땅에서 데리고 나왔을 때 내가 그들에게 번제물이나 다른 어떤 희생제물을 바치라고 명령이라도 했더냐? 오직 내가 명한 것은 나에게 순종하라는 것, 그러면 내가 그들의 하나님이 되고 그들은 나의 백성이 될 것이라는 것, 내가 그들에게 명하는 그 길로만 걸어가면 그들이 잘 될 것이라고 한 것뿐이지 않더냐?" 렘7:23절

그런데 어쩌면 좋나요?

저리 말씀하시는 하나님의 말씀을 받아들여 진리에 순종하면 때로 지금 어깨에 붙어 있는 계급장을 떼어내야 하기도 하고, 누리고 있는 것과 입에는 달달하고 귀에 즐거운 것들을 자발적으로 거부해야 하는 순간도 있을 텐데요. 남쪽 유다의 사람들은 그렇게 자기 성찰을 통한 자기 포기와 겸허한 삶을 요구하는 하나님의 소리에 순순히 응하고 싶은 생각이 없습니다.

자기들이 속한 공동체에 문제의 소지가 있기라도 하면 그 문제를 해결하기 위해 판단을 해야 하는데 하나님에게 순종하라는 말을 받아들이지 않는 사람들은 공정한 판결을 내리기보다는 자기들의 패거리에 유리한 쪽으로 의사 결정을 하기도 하고요, 그러니 이 사람들은 하나님이 바라시는 진리의 길을 걷기보다는 자기들이 자의적으로 규정하고 걷는 길을 지지하는 하나님으로 위장한 이방신에게 더욱 호감을 갖는 겁니다.

우리나라 전래동화에 '바보 이야기'가 있습니다.

똥오줌을 못 가리는 바보 천치가 하도 뒤뚱거리며 자기 처신을 잘하지 못하는 걸 지켜보던 바보의 엄마가 바보에게 보리 씨앗 한 자루를 주면서 '이놈아, 이걸로 네 처신 좀 하면서 살아가거라' 그랬습니다. 바보는 밭에 나가 구덩이 하나를 파고 그 보리 씨앗을 모두 부어버렸죠. 몇 날 후, 보리가 콩나물처럼 올라온 것을 본 이웃이 보리 한 가닥만 남기고 다 뽑아버렸습니다. 그런데 그 보리 가닥이 크게 자라서 팔뚝만 한 보리가 맺혔고 바보는 그 보리 이삭을 임금님께 드린다며 길을 떠났습니다. 주막에서 잠을 자는 동안 주막의 쥐가 보리 이삭을 다 갉아먹자 바보는 고집을 부려 주막의 쥐를 얻었고 다음 주막에서는 쥐를 잡아먹은 고양이를 그리고 다음 주막에서는 고양이를 죽인 개를 얻었습니다. 다음 주막에서는 주인의 딸이 머리를 감은 물을 마신 개가 죽자 바보는 주막 주인에게 고집을 부려 그 딸을 아내로 얻게 됩니다. 뒤주에 아내를 태워 집으로 가는 중에 묵은 주막에서는 주막집 주인이 바보의 아내 대신 콩비지를 집어_넣었는데 그것을 모르는 채로 집에 와서 자기 엄마에게 결혼식을 올려달라고 하고 뒤주를 열자 비지가 한 가득이었습니다. 그래도 바보는 헐헐~~ 웃으며 '우리 비지찌개를 끓여 먹어요' 그랬답니다. (이현주의 『호랑이를 뒤집어라』에서)

어떠신가요?

아내가 비지로 둔갑해 버렸는데도 속상해하거나 화를 내기보다는 그냥 헐헐~ 웃으며 비지찌개를 끓여달라는 이 바보처럼 살아갈 수가 있을까요? 내가 공들여 쌓아온 수고의 가치가 하루아침에 아무것도 아닌 것으로 밝혀지더라도 껄껄~ 웃으며 일상을 살아갈 수 있는 용기가 바보에게서 보인다는 함의가 있는 이 이야기가 새롭게 읽혀집니다.

베드로는 자기 스승인 예수께서 걸어가시는 길을 따라갈 재간이 없었습니다. 그러니 베드로는 몸이 제공하는 방향 지시등을 따라 그렇게 말하고 말았습니다.

"그러나 베드로는 저주하고 맹세하여 말하였다. '나는 당신들이 말하는 그 사람을 알지 못하오'" 마가14:72

사실 이렇게 대답하는 베드로가 인간적이라는 생각이 들기도 합니다. 그는 아직도 자기 자의식에 사로잡혀 있으니, 예수께서 걸어가신 그 여정에 자기를 올려놓을 용기가 없는 순박한 지경에 있는 거니까요. 그래도 베드로는 부활하신 예수를 경험하고 성령이 보여주시는 길에 자기를 개방해내고 맙니다. 결국 베드로는 '귀도 레니'라는 화가의 작품에서 십자가에 거꾸로 매달려 죽음을 당하는 것으로 묘사되었습니다.

결국 역사 속에서 하나님의 뜻을 따르는 이들은 소수의 사람들이었고 이 사람들이 권력의 외곽에서 권력을 감시하며 비판하고 하나님의 뜻을 외치는 일을 합니다.

그렇지만 대다수의 사람들은 제사보다는 젯밥에 더 관심이 많으니 하나님은 이들에게 한 말씀 하고 계십니다.

> **"내가 너희에게 받고 싶은 것은 제사가 아니다…. 번제든 무슨 제사든 고기는 다 너희들이나 먹어라" 렘7:21b**

하나님의 관심에서 벗어나는 일을 꾸준히 하는 이들에게 하나님은 '헛짓거리를 하는구나' 하시면서 '끌끌' 혀를 차고 계십니다.

시대정신은 다수의 지지를 받으면서 사람들에게 제공되고 그 시대를 살아가는 사람들에 의하여 구체화됩니다. 그렇지만 항상 다수가 진리는 아닙니다. 초기의 순수했던 시대정신은 시간의 흐름 속에서 점점 경화되고 그렇게 딱딱해진 시대정신은 유연했던 본래의 기능을 잘 수행하지 못하게 됩니다. 그렇더라도 시대정신에 익숙해진 사람들은 역기능을 하는 시대정신이 '원래 그런 거'라는 착각 속에서 살아가면서 망가진 시대정신을 본래적인 자리로 돌려놓으려고 노력하는 이들의 소리를 외면하고 때로 그 소리를 소외시키는 상황을 연출해내기도 합니다. 그래서 디도서는 이런 말을 합니다.

> **"복종하지 아니하며 헛된 말을 하며 속이는 사람들이 많이 있는데 특히 할례를 받은 사람 가운데서 많이 있습니다. 그들의 입을 막아야 합니다. 그들은 부정한 이득을 얻으려고 가르쳐서는 안 되는 것을 가르치면서 가정들을 온통 뒤엎습니다."**
> **디도서1:10-11**

우리가 제시하는 방향 지시등은 하나님의 의지를 정확하게 반영한 방향 지시등인지, 우리가 바라보는 방향 지시등은 정확하게 작동하고 있는지를 꾸준히 검증하고 성찰해야 하지 않을까요?

비판적 성찰 능력 획득기

7월(2021년)에 시작된 코로나 4차 대유행으로 인해서 예배가 영상 예배로 전환이 되고 나니 그나마 제한적 영상 예배로 인해서 가끔씩 보던 교회 식구들을 전혀 만나지 못하는 지경이 되었습니다. 백신 접종률도 많이 오르고 위드 코로나가 시작되는 11월부터는 조금씩 일상을 회복하는 쪽으로 나아가고 있으니 그것이 작은 위안거리입니다.

지난 토요일 몇 명의 식구들이 이런저런 일을 하기 위하여 예배당에 나오셨으니 반가운 마음에 잠시 이야기를 나누는 시간을 가졌습니다.

"목사님, 힘드시죠?"

"예, 힘드네요. 모두가 다 어려운 시간을 보내고 있는 시절이니까요. 잘 견뎌내야죠. 어려운 시절에 전해드리는 메시지인데, 희망을 이야기하기보다 예언자의 강렬한 이야기를 전해드리는 것이 한편 부담스럽기도 하네요."

"그래서요. 목사님, 교회 밖에서 교회 안을 들여다보는 안목을 생각할 수 있어서 더 귀 기울여서 듣게 되네요~ 힘내세요~"

"그런가요? 감사하네요."

오랜만에 예배당에 나온 식구들과 이야기를 마치고 사무실로 돌아와서 이리저리 마음이 복잡했습니다.

'피로사회'라는 책이 여러 사람에게 읽히던 때가 있었습니다. 그리고는 그런 식의 화두가 유행이라도 하는 것인지 '통제사회'라는 이야기도 일순간 들리기도 했었고요. 그 분위기 때문인지 '경쟁 사회'라는 말은 상대적으로 덜 사용되는가 하는 생각이 들기도 했었습니다.

우리는 치열한 경쟁 사회를 살아가고 있습니다. 좋은 대학에 진학을 하고, 보다 좋은 직장에 취업을 하는 것이 칭찬받을 일이고 사회의 미덕이 된 그런 분위기의 시간을 살아가고 있는 거죠. 입시철이 되면 각 종교마다 백일기도를 드리는 것이 당연하게 되었고 좋은 직장에 취업이 되면 그 상황을 드러내면서 당당해 하는 삶을 살아가고 있습니다.

"그들이 너에게 묻기를 '무엇 때문에 주님께서 이토록 무서운 재앙을 우리에게 선포하시는가? 우리가 주 우리의 하나님께 무슨 죄를 짓고 무슨 잘못을 저질렀단 말인가?' 하고 물을 것이다." 렘16:10

그런데 요즈음 예레미야서를 읽어나가면서 문득 '이런 식의 삶은 단절적으로 돌이켜야 하는 거 아닌가?' 하는 생각이 들어왔습니다. 이렇게 경쟁하는 사회를 살아가노라면 때로 심한 상처를 입고 힘들어하는 순간을 받아내야 하는데요. 하지만 이렇게 상처를 받는 상황은 살아가다가 어쩔 수 없이 경험하게 되는 일상이 되어 그 아픔을 견뎌내야 하고, 또는 상대에게 상처를 주면서 현실 가치에 부응하는 삶을 살아내라고 요구하는 일상이 아프게 다가옵니다. 그렇지만 성서는 이러한 상황에 대하여 이렇게 이야기하고 있습니다.

"모든 백성이 상처를 입어서 앓고 있을 때에 그들은 '괜찮다! 괜찮다!' 하고 말하지만 괜찮기는 어디가 괜찮으냐 그들이 그렇게 역겨운 일을 하고도 부끄러워하기라도 하였느냐?" 렘8:12

시대의 주류를 이루고 있는 시대정신이 그렇게 치열한 경쟁에서 살아남는 법을 가르치고 또 사람들은 그 생존 방식을 열심히도 배우는 상황이니 그렇게 살아가지 않는 사람이 오히려 민망해합니다. 그러면서 자기 자녀들을 경쟁의 치열한 구조 속으로 밀어 넣는 이들이 용기가 있고 지혜로우며 능력이 있는 어른으로 인정받는 사회가 되고 말았습니다.

왜 이러한 사회 분위기는 극복이 되지 않을까요? 그리고 어떤 이들은 이러한 사회 분위기가 문제가 있다고 진단하면서도 이러한 사회 분위기를 거스르지 못하고 자의 반 타의 반으로 끌려가는 걸까요? 그건 아마도 굳어버린 우리 사회의 자본적(경쟁적) 의식 구조와 더불어서 '비판적 자기 성찰 능력'의 결여 때문일 겁니다. 개인의 비판적 성찰 능력의 부재는 우리 사회에 주류 세력으로 자리를 잡은 삶의 가치와 양식을 의심하지 않고 따라가게 하고 수용하게 하거든요. 생각하는 능력의 부재는 우리를 선과 악의 경계를 알아차리지 못하게 하고, 많은 사람이 살아가는 삶의 양식에 무비판적으로 참여하게 합니다.

> **"내가 귀를 기울이고 들어 보았으나 그들은 진실한 말을 하지 않았다. '내가 이런 일을 하다니!'하고 자책은 하면서도 자신의 악행을 뉘우치는 사람은 하나도 없었다." 렘8:6**

비판적 자기성찰 능력은 공부를 많이 한 고학력자들이나 특정 분야에 전문성을 가진 제한된 몇몇 사람만이 가질 수 있는 능력은 아닙니다. 또는 자기의 삶의 자리에서 벗어나서 상상의 나래를 펼치면서 현실과 유리된 관념적인 내용을 고민하는 것도 아니고요, 비판적 성찰 능력은 자기가 살아가는 삶의 여정에 대하여 끊임없이 질문하는 삶의 태도를 말한다고 할 수 있습니다. 내가 걸어가는 삶의 방향은 올바른 방향인지, 내가 가지고 있는 생각의 틀은 건강한 틀거리인지, 내가 몸담고 있는 우리 사회가 제공하는 가치와 규범들은 여전히 유효한 것인지를 끊임없이 고민하고 질문하면서 삶의 방향의 좌표를 꾸준히 점검하고 수정해나가는 능력이라고 할 수 있는 거죠.

이렇게 꾸준히 생각을 이어가다가 보면 과거에 우리 사회에 제공된 규칙과 기준들이 급격하게 변화하는 오늘의 사회에서는 적절하지 않게 작동하는 것이 깨달아지게 되고요, 그러면 오늘의 삶의 양식에 최적화된 가치와 규범으로 수정, 보완하는 작업에 나서게 되는 것입니다.

그런데 어려운 문제가 하나 있습니다. 믿음의 길을 걸어가는 것은 형이상학적으로 제공되는 가치를 형이하학적 실천으로 받아내는 여정을 걸어간다는 것입니다. 자연과학이나 사회과학처럼 명확하게 증명된 사실에 기초한 신념을 따르는 것이 아닌 건강하게 논증된 형이상학적 가치에 기반해서 제공된 신념을 따라 믿음의 길을 걸어간다는 것이죠. 그러다 보니 각기 입장을 달리하는 분석틀을 통과해서 제공되는 논증된 가치로서의 신앙적 기준과 규범들이 때로 치열한 논쟁에 휘말리게 되기도 합니다. 그리고 때로 건강하지 않게 해석되어서 대중들에게 전해지는 왜곡된 신념이 우리들의 삶을 혼란스럽게 하는 것이죠. 이에 대하여 성서는 이렇게 말하고 있습니다.

"사실은 서기관들의 거짓된 붓이 율법을 거짓말로 바꾸어 놓았다." 렘8:8b

그러니 오늘같이 복잡한 시절에 비판적 성찰 능력을 획득하는 일이 중요합니다. '성서만 읽는' 성서 읽기 방식이 자기중심적인 신념을 이야기하고 고집을 피우며 배타적인 삶의 양식을 생산한다면

'성서도 읽는' 성서 읽기 방식으로의 전환은 비판적 성찰 능력을 획득하게 하고 보다 폭넓은 성서 해석의 지평을 열어주겠지요. 그렇게 획득한 냉정한 시각은 남의 눈의 티끌을 가지고 길게 논쟁하기보다는 자신의 눈의 들보를 깨닫고 치열하게 자기 성찰 작업을 해나가는, 관점의 확장을 경험할 수 있는 삶의 자리가 우리들에게 주어질 겁니다.

하나님의 형상을 따라 창조된 인간으로 살아가는 일은 감사한 일입니다. 인간은 다른 피조물과는 달리 자기 성찰의 능력이 있고 이로 인해서 너무 고통스러워서 절망하는 일 이외에 할 일이 없는 절박한 상황에서도 그리스도의 은총의 빛 아래에서 희망을 찾을 수 있는 구별된 능력을 가지고 있기 때문입니다.

수리공 예수

예수님이 예루살렘에 들어가셨습니다. 명절을 맞이해서 예루살렘에 오셨으니 성전으로 향하는 것은 당연한 일입니다. 그리고는 커다란 한숨을 내뱉으시면서 옷소매를 걷어 올리셨습니다. 이방인이 기도하는 기도의 뜰에 차려져 있는 각종 매대들, 그 주위를 맴돌며 호객 행위를 하는 장사치들과 환전상들이 예수님의 마음을 속상하게 만들었거든요. 성전 시장에서 이루어진 일들 가운데 압권은 이랬습니다. 그곳에는 백성들이 하나님에게 드리는 제물을 검사하는 검시관이 있었습니다. 그리고 성전에 제사를 드리기 위해서 제물을 가지고 들어오는 사람은 누구라도 이 검시관에게 제물의 적합성을 검사받아야만 했습니다. 그런데요, 이 검시관이 성전 시장에서 장사하는 이들과 결탁이 되어 있다는 것이 문제입니다. 검시관은 백성들이 성전 밖의 시장에서 구입해 오는 제물은 아무리 품질이 좋다고 하더라도 통과를 시켜주지 않았습니다. 그리고 성전 시장에서 구매한 제물은 약간의 흠결이 있는 정도는 눈감아주면서 장사꾼들의 뒷배가 되어 주고 있는 겁니다. 그러니 백성들은 성전 시장에서 판매하는 품질이 떨어지는 제물을 일반 시장보다 훨씬 비싼 가격에 구매를 할 수밖에 없는 이상한 구조 속에서 살아가야 합니다.

성전 시장이 먹고사는 일이 고단하니 성전 한구석에서 소소하게 물건을 팔며 생계를 유지하는 가난한 이들의 좌판으로 이루어진 소박한 난전 수준이었다면 아마도 예수님은 뭔가를 하나 집어 구매하시면서 비용을 지불하시고, 성전 시장 상인들을 위로하셨을지도 모를 일입니다. 그렇지만 예수님의 눈에 들어온 것은 거대 자본과 성전 권력의 결탁입니다. 성전 본래의 기능은 뒤로 하고 뱃속을 채우는 일에만 골몰하고 있는 당시의 유대교는 이미 딱딱하게 굳어서 이념적 논리 덩어리가 되었으니 당시를 살아가는 사람 중에는 이미 이러한 삐뚤어진 사회 구조를 눈치챈 사람이 있었을 겁니다. 예수님도 이러한 사회 구조에 기생하며 살아가는 지도 계층을 향해서 마땅하지 않은 눈길을 보내고 계시는 겁니다. 종교 지도자들이라고 하는 이들이 검시관을 내세우며 살아가는 꼴이 난감하시다는 거죠.

> **"율법학자들과 바리새파 사람들아! 위선자들아! 너희에게 화가 있다. 너희는 개종자 한 사람을 만들려고 바다와 육지를 돌아다니다가 하나가 생기면 그를 너희보다 배나 더 못된 지옥의 자식으로 만들어 버리기 때문이다."** 마태23:15

그렇지만 당시의 성전 권력과 거대 자본에 다부지게 대들며 싸울 만한 자신이 있는 사람은 그리 많지 않았겠지요. 어쩌면 거대 자본과 성전 권력에 빌붙어서 떡고물이나 얻어먹으려는 사람이 훨씬 많을지도 모르는 일입니다. 이러한 상황에서 예수님은 본래적인 것이 무엇인지를 생각하십니다. 일단 불공정한 매매가 이루어지고 있는 그 기도의 뜰은 본래의 용도대로 사용되지 않고 있을 뿐만 아니라 그곳에 자리를 잡고 있는 이들도 정직과 공의와는 거리가 먼 삶을 살아가고 있으니 예수께서 외치는 소리는 최초의 의도를 회복하자는 소리입니다.

> **"'내 집은 기도하는 집이라고 불릴 것이다' 하였다. 그런데 너희는 그것을 강도의 소굴로 만들어 버렸다."** 마태21:13

그렇지만 예수께서 그렇게 순결한 소리를 외치신다고 해서 짧은 시간 동안에 세상이 하나님의 뜻대로 재구조화가 되는 것은 아닙니다. 이미 기존의 구조에서 익숙하게 살아가는 사람들에게 들리는 본래적인 이야기는 저항값만 증폭시키는 결과를 만들어 낼 뿐입니다.

예레미야의 상황도 마찬가지입니다. 예레미야는 자신이 해 나가는 일이 너무 힘이 들어서 끙끙거리며 앓고 있습니다. 그러면서 하나님에게 하소연을 합니다.

> **"제가 주님 때문에 이렇게 수모를 당하는 줄을 주님께서 알아주십시오. / 어찌하여 저의 고통은 그치지가 않습니까? 어찌하여 저의 상처는 낫지 않습니까?"** 렘15:15, 18

예레미야는 당시의 남쪽 유다에 굳건하게 자리 잡고 있는 '다윗언약'과 '성전신앙'을 해체시키는 작업을 하고 있었습니다. 다윗왕조의 영원함을 보장해 주는 '다윗언약'과 하나님이 임재하셔서 매번 자신들이 선택받은 백성임을 확인해 주는 '성전신앙'은 유대인들에게는 삶의 기반입니다. 그러니 '다윗언약'과 '성전신앙'에 굳게 기초하고 있는 기존의 지배 세력은 예레미야가 아무리 하나님의 말씀이라고 하면서 돌이킴을 촉구한들 귀담아 들을 사람들이 아닙니다.

예레미야는 알고 있습니다. 유대인들이 '다윗언약'과 '성전신앙'에 기초해서 살아가는 그 삶은 형식만 남은 껍데기라는 것을 말이죠. 그렇지만 시대정신을 굳게 신뢰하면서 하나님의 이름으로 포장된 종교이데올로기가 제공될 때에 그것이 진리라고 굳게 믿으며 살아가는 사람들은 자신들이 진리라고 믿는 그 이념을 수호해야 할 책임과 의무감에 사로잡혀 있기 때문에 예레미야가 아니라 하나님이 와서 무슨 이야기를 한다 한들 잡아 죽이는 일 이외에 할 일이 없는 겁니다.

인문학은 우리의 본래의 모습을 가리고 있는 가면을 극복하고 화장기를 지운 맨살의 얼굴을 드러내도록 하며 자신과 본래적인 세계를 직면하게 하는 힘을 준다는 어느 철학자의 말이 생각이 납니다. 참다운 인문학은 우리의 왜곡된 삶에 메스를 들이대어 자기 최면 방식의 삶을 극복하게 하고 본래적이고 진솔한 삶에로 복귀하게 한다는 외침 말입니다.(강신주의 『철학이 필요한 시간』 중에서) 이 말을 곰곰이 생각해 보면 믿음의 길을 걸어간다는 것은 '이성 활용법'을 깨달아가는 여정이라고 생각할 법합니다. 그리고 그 길을 잘 걸어간다는 것은 이성 활용법의 매뉴얼을 따라서 왜곡된 시대정신에 갇혀 있는 자기를 구원하는 작업이라고 말할 수 있겠지요. 예수님 시대에 나타났던 거대 자본과 성전 권력의 만남, 예레미야가 활동하던 시대에 강고한 정신으로 자리 잡고 있었던 '다윗언약'과 '성전신앙'은 그 본래적인 뜻을 잃어버린 채로 비판 능력이 없는 당시의 사람들을 포로로 잡고 있는 형국입니다. 그러니 일그러진 시대정신에 사로잡혀 살아가는 사람들은 예수님과 예레미야의 이야기에 성찰적으로 반응할 수는 없는 노릇입니다.

이런 상황은 수리공으로 살아가는 예수님과 예레미야에게는 난감한 상황입니다. 자신의 문제를 인지하지 못하니 자기를 고치고 수리하기보다는 더욱 경화시키거나 악화시키는 여정을 걸어가는데, 자각증상을 느끼지 못한 채로 더 심각한 구조를 만들고 있으니 말입니다. 그래도 하나님은 예레미야에게 꾸준히 말씀하시며 격려하고 계십니다. 그리고 하나님의 사람인 예언자는 이러한 하나님의 격려에 힘입어서 견디고 버티면서 꾸준히 자신의 일을 해 나가게 됩니다.

"내가 반드시 너와 함께 있어서 너를 도와주고 너를 구원하여 주겠다." 렘15:20

하지만 희망할 수 있는 장면도 있습니다. 삭개오처럼 자신의 소외와 고독의 문제를 알아차리고 예수님을 찾아서 자신의 해부 작업을 위탁하는 모습을 보이는 장면도 있으니 말입니다. 그리고 예수님은 자기 성찰의 여정을 걸으며 자신을 찾아온 삭개오에게 참 사람으로 살아갈 수 있는 삶의 여지를 열어주시면서 구원을 선언하십니다.

그렇지만 안타까운 장면도 있습니다. 한밤중에 예수님을 찾아온 니고데모 말입니다. 이 사람은 왜 예수님을 만나고 많은 이야기를 듣기까지 했는데도 근심을 하면서 돌아갔을까요? 이방인인 로마의 백부장도 예수님을 받아들이고, 사회에서 따돌림을 당했을 법한 중증 환자도 예수님에게 고침을 받았는데 말입니다.

수리공인 예수님에게 수리 기술의 한계가 있었을까요?

우리는 니고데모가 예수님을 찾아왔을 때 자기가 한껏 드러나지 않는 깊은 밤의 어둠을 의지했다는 대목에서 뭔가 이 사람의 한계를 볼 수 있을 듯합니다.

파리통에서 나가게 하려구요

영상으로 진행되는 주일 예배를 마치고 영상 팀으로 수고하고 있는 우리 교회 청년들과 가까운 음식점에서 간단한 식사를 했습니다.

"코로나가 어지간해지면 청년부랑 학생부도 움직여야지, 그동안 하지 못했던 배낭여행도 다시 시작했으면 좋겠는데~~ "

위드코로나를 맞이하여 조금은 편안한 시간을 기대하면서 나눈 이야기입니다. 우리 교회의 청년·학생들이 폭넓고 유연한 사고를 하는 데는 여행을 통한 다양한 경험이 매우 중요한 요인이 된다는 생각을 나누는데 이야기를 듣는 청년들이 고개를 끄떡입니다. 상상만 하던 세상을 직접 경험하면서 오해를 극복하고 사실에 기반해서 이해의 폭을 넓히는 경험은 소중하니까요.

엘리엇. D. 코헨이라는 심리학자는 『미친 세상을 이성적으로 사는 법』이라는 책을 썼습니다. 그리고 그는 이 책에서 감정추론과 해독추론이라는 개념을 제시하는데요, 감정추론은 세상에서 벌어지는 삶의 방식을 찾아내고 실제로 많은 사람들이 그렇게 살아가니 나도 그렇게 살아가야지 하다가 어려움을 경험하게 하는 개념으로, 그리고 해독추론은 감정추론으로 인해서 흐트러진 삶의 방향과 생각의 방향을 바르게 하고, 보다 건강하고 정상적인 판단을 하도록 해서 보편타당한 삶에 이르도록 하는 사고를 가능하게 하는 개념이라고 설명하고 있습니다.

이 접근 방식을 따라서 해독추론이라는 분석틀을 우리의 내면에 장착하게 되면 다수가 걸어가는 길이 항상 진리가 아니라는 것을 인식하는 것과 소수가 걸어가는 길이지만 거기에 진리가 깃들어 있을 수 있다는 합리적인 사고를 할 수 있는 능력을 갖추게 된다는 것입니다.

예레미야는 지금 기도를 통해서 하나님과 소통을 하고 있습니다.

> **"주님, 주님께서는 저를 아시니 저를 잊지 말고 돌보아 주십시오. 제가 주님 때문에 이렇게 수모를 당하는 줄을 주님께서 알아주십시오." 렘15:15**

이렇게 절박한 예레미야의 기도에 대하여 하나님은 이렇게 응답하고 계십니다.

> **"그러나 네가 이 백성에게 이 모든 말을 전달하면 그들이 너에게 묻기를 무엇 때문에 주님께서 이토록 무서운 재앙을 모**

두 우리에게 선포하시는가? 우리가 주 우리의 하나님에게 무슨 죄를 짓고 무슨 잘못을 저질렀단 말인가?" 렘16:10

위에서 언급한 코헨의 개념을 예레미야가 살던 시절의 이스라엘 사람들에게 적용해보면 당시의 이스라엘 사람들은 감정추론에 익숙한 삶을 살아가고 있는 것으로 보입니다. 이러한 생각을 가능하게 하는 구절이 예레미야서에 기록이 되어 있으니까요.

"너희는 각자 자신의 악한 마음에서 나오는 고집대로 살아가며 내 명령을 따라 순종하지 않았다." 렘16:12

누군가가 루트비히 비트겐슈타인에게 '철학을 하는 목적은 무엇입니까?'라고 질문을 했답니다. 그리고 비트겐슈타인은 '파리통에 갇힌 파리에게 나가는 길을 보여 주려고' 라고 대답을 했다는군요. (『미친 세상을 이성적으로 사는 법』 중에서)

파리통에 갇힌 파리는 파리통에서 나가는 법을 모르나 봅니다. 그리고 자기가 살아가는 그 파리통이 세상의 전부인 줄로 알고 살아가니 파리통에서 나갈 생각은 상상도 하지 못하면서 파리통 안에서 경험한 이해를 가지고 이 세상의 모든 것을 규정하고 정의하려고 하니 그처럼 타당하지 않은 일이 없습니다.

예레미야는 '하나님, 이방종교 전통에 갇혀 있는 채 자기들의 악한 마음에서 나오는 고집대로 살아가는 저 사람들을 어쩌면 좋습니까?' 하고 안타까워하고 있습니다. 정말 사람들은 자신의 생각을 따라서 옳고 그름을 논의하고 논쟁하며 때로 다투기도 합니다. 때로 자기 생각이 강한 사람들은 자신의 생각이 우위를 점해야 하고 상대의 생각은 굴복시켜야 하는 승리주의적 논쟁을 이어가기도 합니다.

하지만 그보다 더 넓은 지평에서 살아가는 사람들은 그러한 논쟁을 이어가면서 부질없이 에너지를 사용하기보다는 갇혀 있는 파리통에서 벗어나기 위한 지혜를 모으는 일에 힘을 모으고 열심히 노력하는 삶을 살아갑니다.

그렇지만 시대정신에 충실한 사람들은 자기들이 감정추론의 논리에 깊이 잠식되어 있는 채로 살아가는 것을 잘 알아차리지 못합니다. 그냥 파리통 속에서 성실하게 살아가고 있는 건데요, 자신의 삶의 자리가 파리통 속이라는 것을 알아차리지 못한 채로 자신의 성실성만을 담보로 해서 자기의 삶을 다른 사람들에게 힘껏 들이미는 수준이니 이게 참 안타까운 일입니다. 그러니 예레미야뿐만이 아니라 예수님도 이런 말씀을 하시는 겁니다.

> **"너희가 듣기는 들어도 깨닫지 못하고 보기는 보아도 알아보지 못할 것이다. 이 백성의 마음은 무디어지고 귀가 먹고 눈이 감기어 있다." 마태13:14-15**

어떻게 하면 감정추론을 극복하고 해독추론의 자리로 나아가 예레미야의 답답한 마음을 풀어줄 수 있을까요? 때로 믿음이 좋다는 그리스도인들이 자신의 생각에 부합하지 않는 것을 '믿음없다', '진리가 아니다'라고 규정하는 모습을 보이곤 하는데요,

'성서만 읽는 그리스도인'에서 '다양한 독서를 하는 그리스도인'의 자리에로 나아가야 하지 않을까요? 다양한 독서를 통해서 통전적 이해를 할 수 있으면 더욱 좋겠구요. 여기저기 여행도 많이 하면서 다양한 삶의 양식을 보아내는 것도, 그리고 열린 마음으로 다른 이와 폭넓은 대화를 나누는 작업도 중요할 겁니다. 그렇게 꾸준히 움직이다가 보면 문득 자신이 파리통 안에 있었다는 것을 깨닫는 순간을 경험하게 될지도 모르는 거죠. 그러면 '아하~~' 하면서 또 다른 삶의 자리에서 너그럽고 자비로운 삶을 살아가게 되는 것입니다.

이러한 과정이 철학적 삶을 살아가는 것 아니겠습니까? 관념적인 용어로 가득한 철학 교과서를 앞에 놓고 고민하는 것도 중요한 일이지만 생활 속에서 느릿느릿하게라도 다양한 경험을 이어가는 것이 철학적인 삶을 살아가는 그리스도인의 발걸음이라는 생각입니다.

철학하는 삶은 사람들이 보다 넓은 사고思考의 경험을 통해서 다툼에서 화해와 일치에로 나아가게 하는 교사의 역할을 합니다. 이러한 의미에서의 꾸준한 학습은 자신이 알지 못하는 것이 많다는 것을 깨닫게 하는 동기가 되며 그러므로 살아간다는 것은 타인의 생각을 공격하기보다는 귀담아 듣고 공감하며 더불어 살아가는 것이라는 것을 깨닫게 할 겁니다.

이렇게 생각하면서 예레미야가 전하는 한마디 말을 생각해 보면 당시의 상황이 참 심각하다는 것을 어렵지 않게 눈치채게 됩니다.

"그러나 내 백성은 나를 잊어버리고 헛된 우상들에게 분향한다. 옛부터 걸어온 바른길을 벗어나서 이정표도 없는 길로 들어섰다." 렘18:15

‘생각의 힘’ 활용하기

‘동물의 왕국’의 한 장면입니다. 애벌레가 나무 끝에서 자기 몸을 꽁꽁 싸매고는 죽은 듯이 그렇게 한참을 매달려 있더니 결국 고치를 깨고 한 마리의 나비로 세상에 나왔습니다. 이 장면을 설명하는 아나운서의 치밀하고 조직적인 해설을 듣고 있노라면 고등 동물 대비 단순한 조직으로 이루어져 있는 애벌레는 지혜롭기가 짝이 없습니다. 그렇지만 우리는 한순간에 알아차릴 수 있습니다. 그렇게 성체가 되어가는 과정에서 보이는 애벌레의 몸짓들은 애벌레의 본능적 움직임이라는 것을 말이죠. 애벌레는 이성적 활동을 하면서 대단히 복잡하고 다양한 구조의 문명을 창조적인 ‘생각의 힘’을 통해서 만들어내지는 못하니까요.

오래전, 딸아이가 대학에 입학을 해서 흥미를 가지고 학교를 다니던 어느 날, 집에 들어서자마자 저의 서재로 들어왔습니다.

“아빠, 교양과목으로 철학을 듣는데요, 숙제를 해야 해서요. 밀레토스학파 이야기 좀 해 주세요.”

덕분에 잊고 있었던 고대 철학을 뒤적거리며 탈레스, 헤라클레이토스, 그리고 아낙시메네스 등을 만날 수 있었습니다. 본질 (아르케 ἀρχή)을 물과 불 등으로 설명했던 고대 철학자들의 언급은 지금으로서는 말도 되지 않는 주장들이었지만 그래도 고대 철학자들의 주장이 의미가 있었던 것은 신화적인 세계관을 극복하고 '생각의 힘'을 작동시키는 인간의 이성적 능력이 발현되었다는 지점이었겠습니다. 인간은 이성적 활동을 가능하게 하는 '생각의 힘'이라는 능력을 하나님으로부터 선물 받은 대단히 경이로운 존재입니다.

그렇지만 예레미야는 고민이 많습니다. 예레미야는 당시의 남쪽 유다가 하나님의 뜻과 섭리에 귀를 기울이지 않는다는 것과 또는 예언자가 아무리 하나님의 뜻을 전한다고 해도 돌이키지 않을 것이라는 것을 감지하고 있습니다. 하나님이 주신 '생각의 힘'을 배타적 자기중심성을 강화시키는 데에 사용하는 인간의 무모함은 예레미야 예언자에게는 인간에 대한 좌절감을 심어주고 있는 듯합니다. 하나님이 주신 탁월한 능력을 자신의 욕심과 이해를 관철시키기 위한 이기적인 도구로 사용하고 있기 때문입니다.

그래도 예레미야는 예언 활동을 해야 합니다. 그리고 이렇게 하나님의 마음을 전하고 있습니다.

"나 만군의 주 이스라엘의 하나님이 말한다. 이 백성이 고집을 부려 나의 말에 순종하지 않았으므로 이제 내가 이미 선포

한 그 모든 재앙을 이 도성과 거기에 딸린 모든 성읍위에 내리겠다." 렘19:15

이렇게 하나님의 말씀을 세상에 전하고 있는 예레미야의 마음에는 어떠한 기대가 있을까요? '그래, 하나님의 말씀이니 이 이야기를 전하면 많은 사람들이 자신의 죄를 뉘우치고 하나님에게로 돌아올 거야. 대오각성한 사람들이 하나님을 말씀을 전한 나에게도 고맙다고, 은혜받았다고 인사를 하겠지'라는 생각을 했을까요?

그렇지만 당시 사람들의 반응은 엉뚱했습니다. 예레미야의 예언의 소리는 고스란히 예레미야에게 수치와 고난으로 되돌아왔으니까요.

"주님의 성전에서 총감독으로 일하는 바스훌이 이렇게 예언하는 예레미야의 모든 말을 듣고서 예언자 예레미야를 때리고 그에게 차꼬를 채워서 주님의 성전 위쪽 '베냐민대문' 근처에다가 가두었다." 렘20:1-2

그들은 예언자를 가두기만 한 것이 아니라 예언자를 통해서 전해들은 말에 대하여 적극적으로 자신들의 생각을 드러냅니다.

"네가 이렇게 말하면 그들은 이르기를 '그럴 필요 없다. 우리는 우리 생각대로 살아가겠다. 우리는 각자 자신의 악한 마음에서 나오는 고집대로 행동하겠다.' 할 것이다" 렘18:12

예레미야는 고단합니다. 하나님의 마음을 가감 없이 전하며 일을 하고 있는데 그 반응이 신통치 않을 뿐 아니라 자신은 치욕을 받아내야 하는 상황으로 몰리고 있으니 말입니다. 예레미야는 예언자로 살아가는 일이 대단히 고통스럽고 참담한 상황을 경험해야 한다는 것을 이렇게 표하고 있습니다.

"주님, 주님께서 나를 속이셨으므로 내가 주님께 속았습니다. 내가 조롱거리가 되니 사람들이 날마다 나를 조롱합니다. 내가 입을 열어 말할 때마다 '폭력'을 고발하고 '파멸'을 외치니 주님의 말씀 때문에 나는 날마다 치욕과 모욕거리가 됩니다." 렘20:7-8

그러니 온전한 하나님의 뜻을 따라서 살아가는 일은 마냥 행복하고 즐거운 일만은 아닙니다. 이겨도 그 승리의 기쁨을 만끽하기보다는 이겼기 때문에 도망을 가야 하는 것이 예언자의 운명입니다. 그 대표적인 예언자가 엘리야 아닌가요? 갈멜산에서 이방 선지자와의 말이 안 되도록 열세인 대결을 이겨낸 승자 엘리야는 도망을 갑니다. 그리고는 어느 냇가에 이르러서 기어이 죽기를 청하는 모습을 보이고 있습니다.

'일그러진 시대정신'은 그리 쉽게 무너지거나 스스로 자기 자신을 포기하지 않습니다. 한번 졌다고 해서 견고하기만 한 '일그러진 시대정신'이 누리고 있는 것을 쉽게 포기하지 않으니 그 대척점에 서 있는 예언자들의 삶이 고단한 것은 당연한 일입니다. 시대정신은 교묘

해서 많은 사람들이 시대정신은 절대적인 진리라고 생각하고 그 진리에 헌신하는 삶을 살아가도록 하기 때문에 더욱 어려운 상황이 전개됩니다.

예레미야는 그런 시절에 예언자로서의 삶을 위해서 태어난 사람이고 그렇게 살아가라는 하나님의 섭리를 따라 치열하게 살아가는 여정을 받아내고 있습니다. 이미 하나님이 말씀하신 대로 예레미야는 모태에 생기기도 전에 하나님이 거룩하게 구별하고 선택한 존재(렘1:5)라고 말하고 있으니 말입니다.

예레미야는 하나님의 선물인 '생각의 힘'이 건강하게 작동하지 않는 암울한 시절에 활동하도록 지음을 받은 존재입니다. 그래서 가슴이 시리도록 본래적인 진리와 공의로움을 전해야 하는 고통스러운 삶을 머리에 이고, 등에 지고 살아가야 하는 운명 위에 서 있습니다.

주님께 속았다며 자책(?)을 하는 예레미야는 이제 예언 활동을 접고 자신의 일상으로 돌아갈까요? 하나님의 이야기를 전하다가 당하는 일들이 너무도 망연하고 고통스러우니 때로 '이제 그만해야지' 하는 생각이 드는 것은 인지상정입니다. 때로 신념을 가지고 걸어가다가 기본적인 생활에서 어려움에 직면하면 많은 사람들이 잠시 자신의 신념을 내려놓고 다른 길을 걷기도 하니까요. 예언자도 자기의 생활을 가지고 있었을 것이니 그럴 법도 합니다. 그렇지만 그런 정도에서 발걸음을 멈추고 일상으로 돌아가 버린다면 예언 활동의 연속성과 사회적 영향력이라는 면에서는 적절하다는 평가를 하기는 어려울 수도 있겠습니다. 예레미야는 자신의 내면에서 건강하게 활성화된 '생각의 힘'을 가지고 있습니다. 그리고 그는 이렇게 고백합니다.

> **"이제는 주님을 말하지 않겠다. 다시는 주님의 이름으로 외치지 않겠다 하고 결심하여 보지만 그때마다 주님의 말씀이 나의 심장 속에서 불처럼 타올라 뼛속까지 타들어 가니 나는 견디다 못해 그만 항복하고 맙니다." 렘20:9**

건강한 생각의 힘은 일그러진 시대정신을 극복하고 보다 타당한 삶의 자리로 나가는 지름길로 우리를 이끌어 갑니다. 활성화된 생각의 힘은 모멸감에 좌절할 법한 시대의 예언자들에게 더욱 가열차게 하나님의 일을 해나가게 하고, 망가진 시대정신의 포로로 살아가는 군중들이 자기들을 굳게 묶어대고 있는 관념의 더미에서 벗어나게 하는 힘을 공급해주는 동력이 됩니다.

그래서 그게 어쨌다는 건데?

시드기야 임금은 고민이 많습니다. 남유다를 포위하여 둘러싼 채로 물러갈 기미를 보이지 않는 바벨론의 압박이 부담스러운 겁니다. 그동안 의지하며 지내왔던 이집트의 힘이 이번에는 별로 큰 도움을 주지 못할 것이라는 전망은 시드기야 임금의 마음을 더욱 무겁게 하고 있습니다. 이런 상황에서는 별 뾰족한 수가 없으니 결국은 예레미야에게 전령을 보냅니다.

> **"제발 우리가 멸망하지 않도록 주님께 간절히 기도하여 주십시오. 바빌로니아왕 느부갓네살이 우리를 포위하여 공격하고 있습니다. 행여 주님께서 예전에 많은 기적을 베푸신 것처럼 우리에게도 기적을 베풀어주시면 느부갓네살이 우리에게서 물러갈 것입니다." 렘21:2**

지금까지 이스라엘의 경험으로서 역사 속에서의 하나님의 도우심을 기억하는 시드기야 임금은 예언자에게 이렇게 요청하고 있습니다. 그런데 한 가지 재미있는 사실이 있습니다. 이러한 요청을 하기 위해서 시드기야가 예레미야에게 보낸 사람들이 제사장이라는 사실입니다. 시드기야는 민족의 위기를 위하여 하나님에게 간구하라고 스바냐제사장에게 청하든지, 아니면 왕과 제사장이 함께 하나님 앞에 나아가 기도하면 될 텐데 굳이 예언자 예레미야에게 부탁하는 것은 왜일까요? 혹시 자기들의 기도의 능력에 대해서, 혹은 하나님과의 관계에서 뭔가 자신이 없거나 문제가 있다는 것을 느끼고 있는 탓이었을까요? 이 상황을 바라보는 시선의 각도를 조금은 달리하게 하는 대목입니다.

한편, 이런 부탁을 받은 예레미야는 냉정하기만 합니다. 왜 그럴까요? 왜 예레미야는 자신의 민족이 위기에 처해 있는 상태에서 도움을 청하는 국가의 요구에 냉정하게 반응하는 걸까요? 일단 예레미야의 대답은 이랬습니다.

"내가 직접 너희를 공격하겠다. 이 분노, 이 노여움, 이 울화를 참을 수가 없어서 내가 팔을 들고 나의 손과 강한 팔로 너희를 치고 사람이나 짐승을 가리지 않고 이 도성에 사는 모든 것을 칠 것이니 그들이 무서운 염병에 걸려 몰살할 것이다 … 유다 왕 시드기야와 그의 신하들과 백성을, 바빌로니아와 느부갓네살의 손과, 그들의 원수들의 손과, 그들의 목숨을 노리는 사람들의 손에, 포로로 넘겨주겠다. 느부갓네살은 포로를 조금도 가련하게 여기지 않고, 조금도 아끼지 않고, 무자비하게 칼로 쳐 죽일 것이다." 렘21:4-7

예레미야서를 통해서 읽혀지는 예레미야는 친 이집트파이거나 친 바벨론파라는 정치적 성향을 짐작하게 하는 단서는 잘 보이지를 않습니다. 그렇지만 예레미야는 시드기야가 꾸준히 이어온 이집트에 대한 신뢰에는 거부감을 보이는 정황들을 찾아볼 수 있습니다. 예언자 전통에서 신앙 공동체를 유지하는 것은 외세에 의존하는 것이 아니라 하나님의 공의로움과 신실하심에 의지하는 것이 신앙 공동체를 튼튼하게 하는 근간이라는 것을 어렵지 않게 알아차릴 수 있으니까요. 북쪽 이스라엘에서 활동한 호세아 예언자도 이러한 예언자 전통에 굳게 뿌리를 내리고 있습니다.

"내가 바라는 것은 변함없는 사랑이지 제사가 아니다. 불살라 바치는 제사보다는 너희가 나 하나님 알기를 더 바란다. / 그러니 너희는 하나님에게로 돌아오너라. 사랑과 정의를 지키며, 너희 하나님에게만 희망을 두고 살아라" 호6:6/12:6

예레미야는 남쪽 유다가 가지고 있는 외부적인 요인보다도 그동안 남유다가 걸어온 내부의 여정에서 문제의 원인을 찾아내고 있습니다. 그동안의 남쪽 유다는 다윗언약과 성전신앙에 뿌리를 두고 이 두 가지의 이념이 자기들을 굳건히 지켜줄 것이라고 하는 신앙 전통을 가지고 있습니다. 그러나 이러한 남유다 사람들의 신앙에 대하여 예레미야는 질문을 하고 있는 겁니다.

"다윗언약과 성전신앙이라고? 그래서? 그게 너희들의 삶에 어떻게 작용하고 있는데? 그 신앙을 가지고 어떻게 살아가고 있는데? 너희들이 다윗언약과 성전신앙의 신뢰자이고 수혜자들이라고? 그래서 그게 어쨌다는 건데?"

이러한 예레미야의 질문은 예레미야서 여기저기에서 남쪽 유다사람들이 저지르는 악행을 지적함으로서 잘 나타나고 있습니다. 다윗언약과 성전신앙이라는 허울 좋은 껍데기를 내세우면서 자기들의 내면에 숨긴 의도로는 다른 사람을 불편하게 하고 속상하게 하면서까지 자기들의 잇속을 채우는 비열함을 호탕하게 지적하고 있는 것입니다.

> **"네가 평안하였을 때에는 내가 너에게 경고를 하여도 '나는 듣지 않겠다.' 하고 거부하였다. 너는 어렸을 때부터 이런 버릇이 있어서 언제나 나의 말을 듣지 않았다." 렘22:21**

예레미야는 남유다 사람들의 내부에 있는 진리를 거스르는 죄와 약한 사람들의 비명소리를 외면하는 공의롭지 못한 악함을 지적하고 있습니다. 이렇게 보면 한 시대가 저물어 가는 때에 나타나는 특징들은 거의 비슷하다고 할 수 있는데요, 자신의 오해와 잘못을 인지하지 못한 채로 지금 자기가 누리고 있는 기득권으로서의 혜택을 지키기 위해서 무리하게 자신에게 이익을 주는 체제를 지켜내려 한다는 것입니다. 또는 행여나 조그마한 힘이라도 가지고 있으면 자기의 힘을 이용해서 연약한 이웃들을 압박하고 자기의 이익을 확대해나가는 무리한 상황들이 벌어진다는 것입니다.

예언자는 이러한 상황이 개선될 것이라는 기대를 가지고 있지 않습니다. 이 상황이 개선될 수 있었으면 이미 상황은 개선되었으리라는 것이 예언자의 판단입니다. 자신의 문제의 원인을 외부에서만 찾고 자신의 내면을 들여다보지 않는 이 정도의 수준을 가지고는 엉킨 상황이 풀어지지 않기 때문입니다.

이제 하나님은 예언자를 통해서 이 상황을 새롭게 할 방안을 제시하고 계십니다. 그것은 바빌로니아를 통해서 남유다의 악한 역사 진행을 멈추게 하는 것입니다. 그래서 자기의 내면을 들여다보는 능력을 갖추고 있지 않은 남유다 사람들은 스러지고 본래적인 가치로 자신의 내면을 채워나갈 수 있는 새로운 세대가 등장하는 여지를 주시려는 것이죠.

이쯤에서 시인 윤동주가 쓴 '자화상'이라는 시가 생각이 납니다.

산모퉁이를 돌아 논가 외딴 우물을 홀로 찾아가선
가만히 들여다 봅니다.
우물 속에는 달이 밝고 구름이 흐르고 하늘이 펼치고
파아란 바람이 불고 가을이 있습니다.

그리고 한 사나이가 있습니다.
어쩐지 그 사나이가 미워져 돌아갑니다.

돌아가다 생각하니 그 사나이가 가엾어집니다.
도로 가 들여다보니 사나이는 그대로 있습니다.
(후략)

시인은 자기의 삶의 여정이 마땅하지 않았을까요? 자기를 미워하는 시인의 마음이 이해가 되는 구석이 있습니다. 마음은 진리를 따라 살아가고 싶지만, 자꾸만 마음속의 욕망이 고개를 쳐들면서 가야 할 길을 가로막는 경험은 수시로 하는 경험이니까요. 그런 자기를 미워하다가도 자기를 연민하는 마음으로 다시 우물로 돌아가는 시인의 발걸음에서 진리와 불의의 경계를 넘나드는 인간의 모습이 보이는 듯합니다. 그래도 시인은 자신의 모습을 미워하는 순간이라도 경험하고 있으니 그나마 다행입니다.

예레미야는 껍데기만 남은 믿음 위에 민족주의라는 허울뿐인 이념으로 무장하고 살아가는 사람들을 헛헛한 마음으로 바라보고 있습니다. 자기들이 경험하고 있는 문제의 원인을 자기들의 내면에서 찾으려 하기보다는 외부에서 문제의 원인을 찾으려 하는 시대정신에서는 희망을 찾을 수 없기 때문입니다. 자기의 눈을 멀게 하는 껍데기를 걷어치우고 자기가 고백해야 하는 진리를 향한 신념을 삶으로 육화시켜야 하는, 이 과제를 잘 알아먹지 못하는 이들이 안타깝습니다.

하여간 예언자는 말귀를 알아듣지 못하는 이들에게 치욕을 당하며 살아갈 겁니다.

능동적 수동태로 살아가기

시드기야 왕은 심각합니다. 바벨론의 포위망은 점점 좁혀 들어오는데 이 상황을 극복해낼 마땅한 묘책이 생각이 나지를 않습니다. 결국 왕은 예레미야에게 사람을 보냅니다.

> **"제발 우리가 멸망하지 않도록 주님께 간절히 기도하여 주십시오."** 렘21:2

그러나 예레미야는 이미 남쪽 유다가 어떻게 될 것이라는 것을 통찰하고 있습니다. 순간의 위기를 모면하기 위하여 당근을 들고 자기를 찾아오는 이들의 천박함과 그들의 단순함을 이미 간파하고 있습니다. 그러니 예레미야는 소신을 가지고 올곧게 살아가는 것이 훨씬 지혜로운 처신이라는 것을 명확히 드러내고 있습니다.

> **"느부갓네살은 포로를 조금도 가련하게 여기지 않고 조금도 아끼지 않고 무자비하게 칼로 쳐죽일 것이다 … 이 도성은 바빌로니아 왕의 손에 들어갈 것이고 그는 이 도성을 불질러 버**

릴 것이다" 렘21:7, 10

그런데 예레미야에게 와서 이야기를 청하는 사람들이 이상합니다. 이들은 자기들이 듣고 싶은 말을 해주지 않으면 그 누구라도 가만두지를 않습니다. 그럼에도 불구하고 그런 사람들 앞에서 일관되게 말하는 예레미야의 기조는 이렇습니다.

"이 백성이 고집을 부려 나의 말에 순종하지 않았으므로 이제는 내가 이미 선포한 그 모든 재앙을, 이 도성과 거기에 딸린 모든 성읍 위에 내리겠다." 렘19:15

그리고 이러한 기조를 흔들림 없이 가지고 가는 예레미야를 상대하는 당시의 교권주의자들이 보인 태도는 이랬습니다.

"예언자 예레미야를 때리고, 그에게 차꼬를 채워서 주님의 성전 위쪽 '베냐민 대문' 근처에다가 가두었다." 렘20:2

믿음의 여정을 걸어가는 것은 보다 객관적이고 보편적인 삶의 자리를 확보하기 위함입니다. 일그러진 시대정신이 제공하는 획일적 믿음에 의해 강화되고 있는 배타적 자기중심성을 눈치채고 더욱 확장성 있는 삶의 자리로 나가기 위하여 믿음의 길을 걷는 것이죠. 이러한 객관적이고 보편적인 삶의 자리를 위하여 예수께서도 38년 된 환자를 일으켜 세우시면서 베데스다 연못가의 기존의 질서를 일거에 전환시키셨고요, 바울도 그리스도교 신앙의 확장을 위한 이방인 사역을 하면서 유대인들의 할례를 중심으로 하는 딱딱하게 굳어 있는 믿음을 꾸준히 두드리고 있는 겁니다.

예레미야의 말을 받아들이지 않고 '우리가 왜 망한다고 하는 거야?' 라고 말하는 이들은 자기 세계에 갇혀 있는 사람들입니다. 이 사람들은 자기를 돌이켜 성찰의 자리에 들어설 가능성이 거의 없습니다. 지금 자기들이 살아가는 삶의 방식을 철저하게 신뢰하니 이들에게는 그 어떤 이야기를 들려준다고 하더라도 긍정적인 반응을 기대하기가 어렵습니다.

'무엇 하나라도 확고한 것은 없다'라는 명제는 우리의 긍정적 향상을 위해서는 항상 염두에 두어야 할 내용입니다. 오늘, 우리들이 정답이라고 생각하는 그 생각에 물음표를 붙일 수 있을 때 우리는 우리를 더욱 효율적이고 향상이 있는 삶으로 나아가게 하는 열차에 올라탈 수 있습니다. 지금 내가 가지고 있는 생각과 가치가 흔들림이 없는 영원불변의 정답이라는 확신에 굳게 서 있어서는 새로이 전개되는 시간과 공간의 유연함에 적절하게 대응할 수 없기 때문입니다.

이런 의미에서 '비판적 자기 성찰 작업'은 우리의 삶을 객관적이고 보편적인 삶의 자리에 이르게 하는 데 중요한 작업입니다. 이러한 작업을 통해서 우리의 삶은 능동적 수동태를 지향할 필요가 있습니다. 자신이 가지고 있는 능력의 120%를 발휘해서 진리를 탐구하는 사람은 자기 자신에게 엄격합니다. 자신의 발걸음을 꾸준히 의심하고 과연 나는 하나님의 마음을 기쁘게 해드리는 여정을 걸어가고 있는가에 대한 끊임없는 자기 성찰의 시간을 갖기 때문입니다. 그렇게 살아가는 사람이 자신의 능력을 모두 소진한 다음에는 자신의 존재를 수동태로 전환시켜 하나님에게 위탁하는 믿음의 자리에로 나아가게 됩니다.

허연이라는 시인이 '나쁜 소년이 서 있다'라는 시를 썼습니다. 이 시에서 허연은 나쁜 소년을 등장시키면서 '늙어서도 젊을 수 있는 것. 푸른 유리조각으로 사는 것'이라고 노래함으로 인생의 여정에서 꾸준히 푸른색을 유지하며 살아갈 수 있는 가능성을 타진하고 있습니다.

이 시에서 시인은 '나는 푸른색의 기억으로 살 것이다'라고 노래하고 있으니 소년은 푸른 유리조각을 가슴에 품고 살아가는 것처럼 보입니다. 그리고 언제든지 그 푸른 유리조각으로 타당하지 않은 자신의 내면을 쪼개고 날마다 새로운 지평을 희망하는 결연한 의지를 가지고 있는 것으로 읽히는 것이 가슴을 시리게 합니다. 소년은 자신이 가지고 있는 모든 능력을 발휘하여 보다 확장된 삶을 살아가려는 의지를 드러내며 갈 수 있는 곳까지 가려고 하고 있습니다. 이 시 속에 나오는 소년의 그 다음의 발걸음이 궁금합니다. 이 소년은 시리도록 푸른 유리조각을 품고 치열하게 살아가다가 마침내 자신을 삶을 수동태로 전환했을까요? 하늘의 뜻을 알아차리고 순명順命의 삶을 살아갔을까요?

아마도 할 수 있는 모든 노력을 다 동원하고 해볼 수 있는 모든 것을 하면서 한계점에 도달한 사람이 그 한계를 뛰어넘을 수 있는 방법을 고민하며 하나님의 도우심에 자기를 개방하겠지요. 이것이 능동적 수동태로 살아가는 사람의 삶의 모습입니다.

예레미야를 감옥에 가두고 손발에 차꼬를 채워 묶어두는 사람들도 열심히 공부를 할 겁니다. 그러나 그들은 차곡차곡 지식을 쌓아두기는 하나 그 지식의 축적 과정을 통해서 자기 삶의 방향의 좌표를 고민하고 잘못된 좌표를 수정하려는 노력은 하지 않을 겁니다. 왜냐하면 예레미야를 때리고 있으니까요. 이렇게 자기 확신에 기반한 공부를 하면 우리를 불편하게 하는 사회의 구조나 사람들 머릿속에서 견고하게 작동하는 기울어진 의식들을 눈치채기는 쉽지 않습니다. 오히려 잘못된 방향으로 나가는 사회 구조의 움직임에 동의하고 지지하며 자신이 금과옥조처럼 여기는 편견에 사로잡힌 가치로 타자를 불편하게 하는 삶을 성실하게 살아낼 겁니다.

바울은 유대전통으로서 할례라는 문화에 기반한 그리스도교를 이방인들에게 전하는 데 있어서 많은 어려움을 경험합니다. 갈등도 많이 경험하고 논쟁도 여러 번 이어갑니다. 그렇지만 결국에는 예루살렘회의에서 바울은 이방인을 위한 복음전도자로 인정을 받게 됩니다. 이러한 상황에 이르기까지 바울은 어떤 삶을 살았을까요? 바울은 '비판적 자기 성찰을 통한 능동적 수동태의 시간을 성실하게 살아가는 사람이다'라고 생각해 보면 어떨까요? 바울이 하는 말 한

마디를 곰곰이 생각해 보면 바울이 살아가는 삶의 방향을 조금은 알 수 있을 듯도 합니다.

> “어떤 날을 더 존중히 여기는 사람도 주님을 위하여 그렇게 하는 것이요, 먹는 사람도 주님을 위하여 먹으며, 먹을 때에 하나님께 감사를 드립니다. 그리고 먹지 않는 사람도 주님을 위하여 먹지 않으며 또한 하나님께 감사를 드립니다. 그러므로 우리는 서로 화평을 도모하는 일과 서로 덕을 세우는 일에 힘을 씁시다. 하나님이 이룩해 놓으신 것을 음식 때문에 망치는 일이 없도록 하십시오.” 로마서14:6, 19-20

성찰적 여백을 위하여

하나냐는 예레미야와 동시대의 예언자로 그려지고 있는 사람입니다. 그는 자기중심적 민족주의로 무장한 예언자로 보입니다. 그러니 그의 예언은 나라의 안위와 안전에 꽂혀 있습니다.

"나 만군의 주 이스라엘의 하나님이 말한다. 내가 바빌로니아 왕의 멍에를 꺾어버렸다. 바빌로니아의 왕 느부갓네살이 이곳에서 탈취하여 바빌로니아로 가져간 주의 성전의 모든 기구를 내가 친히 이 년 안에 이곳으로 다시 가져오겠다." 렘 28:2-3절

그렇지만 보다 객관적으로 상황을 보아내는 예레미야의 시선에서 위와 같은 하나냐의 선언은 마땅하지가 않습니다. 그러니 예레미야는 하나냐의 선언에 정면으로 대응합니다.

"하나냐는 똑똑히 들으시오. 주님께서는 당신을 예언자로 보내지 않으셨는데도 당신은 이 백성에게 거짓을 믿도록 하였

소. 그러므로 주님께서 이렇게 말씀하셨소. '내가 너를 이 지면에서 영영 없애버릴 것이다. 금년에는 네가 죽을 것이다. 네가 나 주를 거역하는 말을 하였기 때문이다.'" 렘28:15-16

사실 예언자는 자기가 하고 싶은 말을 하는 사람이 아닙니다. 예언자는 자기를 부정하고 세미하게 말씀하시는 하나님의 소리를 섬세하게 들어내 하나님의 뜻이 이 땅에서 이루어지도록 하나님의 생각을 잘 전하는 일을 하는 사람입니다. 그러나 하나냐의 선언을 잘 살펴보면 정치적, 역사적 흐름을 읽어내지도 못하며 당시의 시대 상황에서 남쪽 유다가 저지른 죄악을 인지하고 있는 것으로도 보이지 않습니다. 또한 남유다의 죄악에 대한 하나님의 의도도 명확하게 읽어내지 못하고 있는 모습입니다. 그저 자기중심성에 기대고 있는 무사유에서 나오는 주관적 의사 표시를 하고 있을 뿐입니다. 이런 이들이 보이는 생활의 특징은 명료합니다. 자신의 생각에 동의하지 않는 이들을 적으로 규정하고, 제거하는 일을 마다하지 않는 특성 말이죠. 하나냐는 자신의 뜻에 반하는 예레미야의 의사 표시에 대해서 이렇게 반응하고 있으니까요.

"예언자 하나냐가 예레미야의 목에서 나무 멍에를 빼앗아 꺾어 버렸다." 렘28:11

문득 솔로몬의 재판 이야기가 떠오릅니다. 한 아이를 두고 두 여인이 서로 자기의 아이라고 주장하는 데서 이야기가 시작됩니다. 이 난감한 상황에서 솔로몬은 한 가지 해법을 제시합니다. 누구의 아이인지가 확인이 되지 않으니 아이를 둘로 나누어 가지라는 제안이었죠. 그리고 한 여인은 이렇게 응답합니다.

"어차피 내 아이도 안 될 테고 네 아이도 안 될 테니 차라리 나누어 가지자" 왕상3:26

이념의 늪에 빠져서 진영 논리로서의 진리를 주장하는 이들의 살아가는 행태가 '아이를 나누자'는 제안에 동의하는 가짜 엄마에게 투영되어 있음을 보게 되는 장면입니다. 자신이 성실하게 하나님의 뜻을 따르고 율법을 어긴 적도 없이 신실한 삶을 살아간다고 자부하는 이들은 칼질을 해서라도 진리를 지켜야 한다고 주장을 하기도 합니다. 때로 거짓 예언자들은 시장의 요구를 꿰뚫어 보면서 장터의 사람들이 환호할 수 있는 이야기를 제공하곤 하는데 사실 그런 작업은 그 진영에 참여하는 사람들을 자비로움이 없는 진리 수호자의 길로 들어서게 하는 지름길이 될 수 있을 겁니다. 무사유의 길은 때로 잔인할 수 있으니까요. 너그러움을 획득하지 못한 사람들이 진리를 깨닫게 되면 그 진리가 칼이 되어 이웃을 위협하며 자기중심적 진리를 지켜내는 도구로 사용하는 상황을 연출하기 때문입니다.

그렇지만 따듯한 가슴으로 진리를 품고 살아가는 이들은 정말로 소중한 것을 망가뜨리지 않습니다. 아기의 진짜 엄마는 저 아이가 자신의 아이인 것을 명확하게 알고 있지만 그 아이에게 치명적인 아픔을 주면서까지 자신이 알고 있는 진리를 지키려 하지 않습니다.

"살아있는 그 아이의 어머니는 자기 아들에 대한 모정에 불타올라 왕에게 애원하였다. '제발 임금님, 살아 있는 이 아이를 저 여자에게 주시어도 좋으니 아이를 죽이지는 말아주십시오.'" 왕상3:26

누구는 진리라는 칼을 휘두르면서 진리를 지키려고 하는데, 따듯한 마음으로 진리를 품고 있는 이는 자신의 진리를 유보하면서 역사의 흐름을 지켜내는 모습을 보입니다. 보기에는 참 진리가 실패하는 것 같고 유약해 보이지만 결국 역사는 따듯한 마음으로 믿음을 지키고 너그러운 기도를 하며 살아가는 이들에 의하여 물꼬를 잡아가는 것이죠.

어쭙잖은 민족주의에 사로잡혀 무사유의 연장선에서 예레미야를 판단하는 이들은 꾸준히 칼을 휘두릅니다.

"이제 예레미야를 죽일 계획을 세우자 … 어서 우리의 혀로 그를 헐뜯자" 렘18:18
"온 백성이 주님의 성전 안에 있는 예레미야를 치려고 그 주위로 몰려들었다." 렘26:9

실제로 무사유에 기반하여 민족주의라는 깃발을 들고 살아가는 이들은 예레미야 시대의 예언자 한 사람을 죽이고야 맙니다. 그의 이름은 기럇여아림 사람 스마야의 아들 우리야였죠. 우리야는 예레미야와 같은 기조를 가지고 예언 활동을 했던 사람으로 남유다에 재앙이 내릴 것을 예언하는 예언자였습니다. 그러나 진리의 칼을 휘두르는 사람들은 우리야를 그냥 두지 않습니다.

"그들이 이집트에서 우리야를 붙잡아 여호야김 왕에게 데려오자 왕은 그를 칼로 죽이고 그 시체를 평민의 공동묘지에 던졌다." 렘26:23

따듯한 가슴을 가지고 명철한 예언을 하는 당시의 예언자들은 이렇듯 끊임없는 저항에 부딪혔습니다. 그러나 어쩌겠습니까? 그 길이 예언자가 걸어가야 하는 길인 것을요. 그러니 인간으로서의 생명을 담보하여 살아가는 예레미야는 고통스럽고 안타까운 겁니다.

"어찌하여 이 몸이 모태에서 나와서 이처럼 고난과 고통을 겪고 나의 생애를 마치는 날까지 이러한 수모를 받는가?" 렘20:18

그래도 예언자는 자신의 내면에 성찰적 여백을 만드는 일을 멈추지 않습니다. 예수께서도 '구하라, 찾으라, 두드려라'라고 말씀하셨듯이 꾸준히 탐색하고 끊임없이 질문하면서 오늘의 삶의 자리를 위한 타당한 하나님의 뜻은 무엇인지를, 그리고 그 뜻을 따라 살아가는 나의 여정은 타당한지를 꾸준히 성찰해나가는 작업에 임하고 있습니다.

예언자는 끊임없이 자기 자신을 성찰하며, 시대정신을 의심합니다. 어제의 가치는 오늘에도 여전히 유효할 것인지, 오늘 유효한 삶의 양식은 내일에도 여전히 타당하게 작동할 것인지를 꾸준히 묵상하면서 하나님의 시선을 상상합니다. 그리고 대중들에게 진리와 공의에 기반한 삶을 살아가기를 촉구합니다. 예언자는 이러한 작업을 위하여 꾸준히 자신의 내면에 마련한 성찰적 여백이라는 공간을 활용하는 일을 멈추지 않을 겁니다.

혹시 인간의 유한성 때문에 하나님의 전능하심이 제한을 받는 것은 아닌지, 인간의 제한적인 진리에 대한 신뢰 때문에 하나님의 일하심이 한계에 직면하는 것이 아닌지는 하는 내용들은 우리의 내면에 마련한 성찰적 여백이라는 공간에서 꾸준히 검토되고 갱신되어야 합니다.

그렇게 살아가다가 문득, 생명을 살리기 위하여 자신이 알고 있는 진리를 유보하고 타자와 참 진리를 공유할 수 있는 세상을 만들어나가는 일에 발걸음 하는 자비로운 그리스도인의 자리에 서 있는 자기를 발견하게 될지도 모를 일입니다.

어? 거기로 가면 안 되는데요?

베드로는 걱정입니다. 지금 수많은 군중들과 있는 이곳은 허허벌판입니다. 날은 저물어 가고 먹을 것은 없고, 그러니 베드로의 마음은 걱정으로 가득 채워지고 있습니다. 마침 스승이 입을 엽니다.

"어디 가서 빵을 좀 사올 수 있을까?"

"지금 어디 가서 빵을 사올 수 있겠습니까? 또 근처에 빵집이 있다 한들 이 많은 사람을 먹일 만한 빵을 사올 수 있겠냐고요? 돈도 많이 들 테고요."

다행인지 안드레가 한마디를 거들었습니다. '여기 한 아이가 보리빵 다섯 개하고 물고기 두 마리를 가지고 있는데요? 하지만 젠장… 이게 무슨 소용이 있겠습니까?' 그래도 스승은 그랬습니다. '가지고 와보거라, 그리고 기도를 하자꾸나.' 궁시렁거리는 제자들의 삐쭉거림을 받아내면서 스승은 하늘을 우러러 기도를 드립니다.

그렇게 기도를 하고 난 후에 음식을 나누어 들판에 있는 많은 사람들이 배를 채울 수 있었으니 감사한 일이고 그것 참 불행 중 다행입니다.

“야~ 대단하다. 이 사람이 정말 세상에 오기로 돼 있는 그 예언자가 맞구나.”

그리고는 스승은 다시 사람들에게 그랬습니다. ‘내가 하늘에서 내려온 살아 있는 빵이거든, 그러니까 이 빵을 먹는 사람은 죽지 않고 영원히 살 거야~~’(요한6:51) 그러자 사람들이 빵을 받을 때와는 달리 수군거리며 예수를 대하는 기조를 달리하기 시작했습니다. ‘아니 왜 이렇게 어려운 이야기를 하는 거야? 무슨 소린지 알아먹을 수가 없잖아….’ 그러면서 사람들은 예수에게서 떠나갔습니다.

참 대단한 사람들입니다. 물리적인 먹거리를 나누어 줄 때는 그리도 좋다면서 따라다니더니 조금 생각해야 하고 꾸준히 묵상하며 의미를 되새겨야 하는 장면에서는 그렇게도 쉽게 스승인 예수를 떠나가니 말입니다. 이들은 예수를 ‘존재 그 자체’로 바라보기보다는 자기들의 욕구를 충족시켜주는 도구 정도로 바라보고 있는 것이니 참 말초적인 상황입니다. 오죽이나 당황스러운 상황이었으면 예수께서는 제자들에게 물어보십니다.

“너희까지도 나를 떠나가려 하느냐?”

그래도 베드로가 대답하는 말 한마디가 나름 위로가 되기는 합니다.

"주님, 우리가 누구에게로 가겠습니까? 선생님에게는 생명의 말씀이 있는 걸요."(요6:68)

이후에 베드로의 행적을 염두에 두어보면 베드로가 뭔가를 알면서 저런 대답을 했는지가 궁금합니다. 그래도 밥만 먹고 조금만 자기들 마음에 들지 않으면 훌쩍 떠나가는 군중들에 비하면 그나마 저렇게라도 대답을 했다는 것이 다행입니다. 빵과 물고기를 나누어 받는 것만을 기대하는 사람들에게 예수는 단지 먹거리를 제공하는 도구였다고 할 수 있습니다. 그들에게 예수는, 그리고 신앙은 단지 자기들의 욕망을 충족시켜주는 도구였을 뿐입니다. 그러나 베드로의 대답은 조금은 다른 느낌을 전해줍니다. 아마 베드로도 그 척박한 벌판에서 군중들과 더불어서 예수께서 나누어주는 빵을 먹었을 겁니다. 그렇지만 베드로는 빵을 먹는 이유가 명확했겠지요? 베드로가 들판에서 빵을 먹은 이유에 대하여 예수와 함께 진리를 지향하는 여정을 걷기 위한 에너지를 충족시키는 일이었다고 고백했으면 좋겠습니다.

예레미야는 포로로 잡혀간 백성들에게 편지를 보내고 있습니다.

"나 만군의 주 이스라엘의 하나님이 분명히 말한다. 너희는 지금 너희 가운데 있는 예언자들에게 속지 말고 점쟁이들에게도 속지 말고 꿈쟁이들의 꿈 이야기도 곧이듣지 말아라. 그들은 단지 나의 이름을 팔아서 너희에게 거짓 예언을 하고 있

을 뿐이다. 그들은 내가 보낸 자들이 아니다." 렘29:8-9

예레미야는 포로로 잡혀간 이들에게 헛된 망상을 심어주는 이들을 경계하라고 이야기합니다. 시장의 논리에 최적화된 값싼 이야기를 알아차리라는 예언자의 호소입니다. 이 호소는 포로로 잡혀간 이스라엘 사람들의 삶의 양상에 변화를 가져올까요?

믿음의 길을 걸어간다는 것을 조금은 다른 관점으로 표현하면 원시적인 감각의 세계에서 지식의 세계로 들어가고 그 지식의 세계에서 초월적이고 성숙한 고백을 담보로 하는 믿음의 세계로 들어가는 여정이라고 말할 수 있을 겁니다. 처음에는 만져보고 느끼면서 알아지는 것들이 머리에서 지식으로 축적이 되고 그 지식을 바탕으로 해서 이성적인 과정을 뚫고 지나가는 경험을 하게 되겠지요. 그러다 보면 지식의 저편에 있는 믿음의 세계에서 고백되어지는 하나님을 경험하게 되고, 그 초월적 경험을 통해서 따듯하고 너그러운 실천의 지경이 이르는 그 여정이 믿음의 여정이라는 생각입니다.

그러나 사람들은 먹고 마시는 문제에만 집착하며, 또는 자기의 어깨에 계급장을 붙이는 일을 지지하는 하나님만을 생각하다가, 보다 향상이 있는 믿음의 지경으로 나아가지를 못합니다. 이러한 삶은 마치 플라톤의 '동굴 이야기'처럼 평생토록 허상만을 바라보고 살아가다가 삶을 마감하는 지경의 수준인 겁니다. 동굴에서 빠져나와 밝은 태양 아래에서 실체를 보고 다시 동굴로 돌아온 사람을 죽여

버리는 동굴 속의 미숙한 삶의 자리는 믿음의 여정을 통해서 '통찰의 능력'을 획득하지 못한 그리스도인 무리의 특성이라고 해도 지나친 표현은 아닐 겁니다.

예레미야는 시대정신에 충실하게 응답하며 자기중심적인 예언을 하는 거짓 예언자들 사이에서 온갖 모진 어려움을 견뎌내며 하나님의 온전하신 마음을 대변하는 일을 하고 있습니다. 아마도 이러한 예레미야의 마음에는 회중들의 계몽된 정신을 기대하는 마음도 있을 겁니다. 가짜 예언자들이 거짓 희망을 선언하면서 회중들을 몰아가려고 하더라도 회중들이 보유하고 있는 '비판적 성찰 능력'이라는 필터에서 걸러지기라도 한다면 거짓 예언자들의 설 자리는 없을 겁니다. 그러나 어리석고 게으른 회중들은 자신들을 자신들 되게 하는 비판적 성찰 능력이라는 필터를 획득하는 작업이 있다는 것을 알지도 못할 수가 있습니다. 혹시 알고 있다고 하더라도 종교 지도자들과의 커넥션, 또는 자기들의 게으름을 핑계로 그 작업에 나설 가능성은 희박하겠죠.

그렇지만 예언자는 그 고단한 삶의 자리를 지키면서 꾸준히 요청하고 있습니다. 꾸준히 자기 성장을 꾀하는 그리스도인이 되라고 말이죠. 믿음의 여정은 우리를 자기 자신에게 솔직하도록 이끌어 줍니다. 때로 사람들은 가면persona을 쓰고 그 가면이 자기 자신인 양 자기를 과시하면서 살아갑니다. 그러나 믿음의 여정에서 만나는 순결한 믿음의 경험은 그 가면을 벗어 가짜 자기를 극복하고 본래적인 자기 자신 그 모습으로 세계를 직면하도록 도와줄 겁니다.

가짜 예언자들이 호기롭게 전하는 가짜 신앙은 우리의 가면을 더욱 정교하게 제작하도록 도움을 주고 더욱 정교한 거짓에 기반해서 살아가도록 하겠지만, 그러나 진실하게 걸어가는 믿음 길은 자기 최면의 상태를 알아차려 도구화된 자기를 벗어버리게 하고 하나님의 형상으로 창조된 자신을 찾아내 성실하고 의롭게 살아가는 삶으로 우리를 안내할 겁니다.

예레미야는 이스라엘 백성들이 보다 나은 삶의 자리에서 하나님의 뜻을 묵상하며 살아가기를 바라고 있습니다. 자기들의 귀를 즐겁게 하고 마음을 평안하게 하는 가짜 선지자들의 말에 쉽게 현혹되지 않고 때로 거룩한 부담을 주는 순결한 예언자들의 말에 귀를 기울이면서 비판적 성찰능력이라는 필터를 장착한 순결한 하나님의 사람이 되어 보다 나은 삶의 자리를 살아가는 것이 예언자의 바람입니다.

멋지게 씨름 한판 하셔야죠?

일단의 현대인들이 불안과 소외에 시달린다는 사실은 이 시대를 살아가는 여러 사람들이 알고 있고 동의하는 내용입니다. 사람들은 무엇 때문에 불안과 소외에 시달리며 살아갈까요? 그것은 인간의 내면에서 끊임없이 일어나는 욕망 때문일 겁니다.

야곱은 잠이 오지를 않습니다. 형 에서가 받아들여지지를 않기 때문입니다. 이 형제간의 긴장 관계는 둘이 어머니의 배 속에 있을 때부터였습니다. 서로 간에 우위를 점하려고 어머니의 배 속에서부터 갈등하고 다투었던 이 두 사람의 대립 구도는 조금 더 집착하는 모습을 보이는 야곱에게서 명확하게 나타납니다.

"형이 형 같아야지, 내가 하면 더 잘할 수 있는데…."

팥죽을 쑤면서 중얼거리는 야곱의 눈에 사냥에 나갔다가 빈손으로 터덜거리며 돌아오는 에서가 들어왔습니다.

"형의 권리를 나에게 주면 내가 당신의 배고픔을 덜어줄 수 있거든?"

그렇게 큰아들의 권리를 획득한 야곱은 만족하지 않습니다. 결국 자신의 내면에 강하게 걸린 욕망의 드라이브에 휘둘리면서 아버지를 속여 형의 축복을 가로채는 지경에 이르게 됩니다. 이러한 욕망을 따르는 생활 양식은 자신의 삶의 근거를 상실하게 만들었고 결국 고향을 떠나게 하고야 말았죠. 그렇지만 옮겨가서 살아가는 새로운 삶의 자리라 한들 욕망의 문제를 해결하지 못한 야곱은 '어울림'을 담보하는 삶을 살아내지 못하고 맙니다.

사람들은 눈에 보이는 허상을 맹종하면서 살아가는 경향을 보입니다. 블링블링한 어깨의 견장에 눈길을 빼앗기고, 허세 부리기 좋은 사회적 위치를 선망하며, 그 위치에 도달하기 위하여는 수단 방법을 가리지 않고 좋은 학벌 등을 획득하기 위하여 최선의 열정을 드러냅니다. 그러다가 헛것이 보이기도 하고 자기 정신으로는 할 수 없는 엉뚱한 일을 하기도 하지만 그것이 자신의 꿈인 허상에 이르기 위한 정당한 과정이라는 자기합리화에 매몰된 채로 멈춤이 없는 질주를 마다하지 않는 거죠. 몸과 영혼이 피폐해져 가는데도 말입니다.

플라톤이 동굴 이야기를 풀어낸 이래로 살아가는 일을 통찰하는 사람들이 우리의 시선이 허상을 향하고 있다는 것을 알아차리고 본래적인 삶에로 진입하라고 하는 이야기를 열심히도 해왔습니다. 가까이는 『꽃들에게 희망을』, 또는 『갈매기의 꿈』 같은 이야기들이 그런 이야기가 아닌가요? 이런 류의 책들을 읽고 인문학적 토론이라도 할라치면 진지한 눈빛으로 진리를 간파하는 듯 논의를 이어가지만, 문제는 그렇게 논의에 임하는 사람들도 자신의 삶의 자리에서 그 이야기를 삶으로 구현해 내는 일이 만만하지가 않다는 겁니다.

불안과 소외에 시달리며 살아가던 야곱은 다행스럽게도 얍복강가에 앉아 있습니다. 그리고 자신의 눈앞에 파노라마처럼 휙휙 지나가는 자신의 삶의 여정들을 돌이키고 있습니다. 팥죽 한 그릇에 값싸게 사들인 장자의 권리, 아버지를 속이고 받은 축복 기도, 외삼촌 라반의 집에서 살아낸 모사꾼 같은 삶의 여정들이 야곱의 마음을 흔들어놓고 있습니다. 야곱은 이 욕망으로 가득 찬 자신의 마음으로는, 그리고 허상을 따라 성실하게 살아가는 자신의 삶의 양식으로는 그 어디에서도 평화를 누리는 삶에 진입할 수 없다는 것을 알아차린 겁니다. 그리고는 엉덩이뼈가 어긋나기까지 하는 치열한 과정을 수용하면서 공의와 진리를 획득하는 씨름을 하게 됩니다. 자신의 존재의 양식을 새롭게 해야, 허상을 보고 있는 자신의 시선을 눈치채야 모두와 함께 어울리는 삶의 자리로 나아갈 수 있기 때문입니다. 그러고 보면 '얍복강가에서의 씨름'은 자신의 삶의 양식을 날마다 새롭게 해야 하는 사람들이 반드시 수강해야 하는 필수 과목일 겁니다.

"무엇 때문에 주님께서 이토록 무서운 재앙을 우리에게 선포하시는가? 우리가 주 우리의 하나님께 무슨 잘못을 저질렀다는 말인가? / 너희 조상이 나를 버리고 다른 신들을 쫓아가서,

그것들을 섬기며 경배하였다. 너희 조상이 나를 버리고 내 율법을 지키지 않았다. 그런데도 너희는 너희 조상들보다도 더 악한 일을 하였다. 너희는 각자 자신의 악한 마음에서 나오는 고집대로 살아가며 내 명령을 따라 순종하지 않았다." 렘 16:10-12

허상을 따라 살아가는 사람들은 자신이 허상을 따라 살아간다는 사실을 깨닫는 일을 어려워합니다. 그림자를 바라보며 진리를 토론하는 사람들은 자신들이 자의적으로 규정해서 공유하는 지적 실천에 만족하면서 자신들의 논리의 허점을 발견해내는 일에 약점을 보이곤 하니까요.

이스라엘 사람들은 자신들을 벌하시겠다는 하나님이 이해가 되지를 않습니다. 시대정신을 따라서 열심히 제사를 드리고 율법을 철저하게 지키는 경건의 생활을 해나가고 있는데 예언자는 자꾸만 하나님의 징계를 선포하고 있으니 답답한 노릇인 거죠.

그러나 다수 세력으로서의 대중의 의도를 통찰하고 있는 예레미야는 그들의 삶의 방향에 문제가 있다는 것을 알고 있습니다. 그들이 아무리 성실하게 살아간다고 하더라도 자신들의 입술로 부르는 하나님은 그들이 섬겨야 하는 하나님은 아닌 거니까요. 마음속 자기중심에서 우러나고 있는 의도를 숨기고 있는 이스라엘 사람들은 자기들이 섬기고 싶은 하나님을 섬기고 있는 것이지 섬겨야 하는 하나님을 섬기고 있는 건 아닌 겁니다. 그러니 섬기고 싶은 하나님을 제공하는 종교 지도자들의 의도를 알아차리지 못한 일반 대중들은 열심을 내어 사회 상층부 사람들의 말을 따라 살아간다고 한들 그들이 도착할 곳은 명확합니다. 헛헛한 곳인 거죠.

이런 상황에서 예레미야는 한줄기 단비와 같은 이야기를 하고 있습니다.

> **"주님을 믿고 의지하는 사람은 복을 받을 것이다. 그는 물가에 심은 나무와 같아서 뿌리를 개울가로 뻗으니 잎이 언제나 푸르므로 가뭄이 심해도 걱정이 없다. 그 나무는 언제나 열매를 맺는다."** 렘17:7-8

예레미야가 전하는 이야기의 많은 부분은 이스라엘이 저지른 죄와 이에 대한 징계를 이야기하고 있지만 항상 그런 것만은 아닙니다. 그래도 하나님을 믿고 의지하면 푸릇푸릇할 것이라는 이야기도 전하고 있으니까요.

불안과 소외는 입술로는 하나님을 부르면서 생활은 욕망을 따라 살아가는 데서 시작이 된다는 여러 사람들의 지적은 타당하다는 생각입니다. 주님을 믿고 의지하는 사람은 보편타당한 삶을 살아가고 객관적이고 합리적인 삶을 살아가니까요. 자신의 주장을 관철시키기 위해서 타자를 위협하는 일은 하지 않을 거고요, 상대방이 자신의 타당하고 보편적인 말을 수용하지 못하면 상대방의 성장을 도

모하면서 자신의 이야기를 나눌 수 있을 때까지 지지하고 격려하며 기다릴 겁니다. 그렇게 너그러운 관계는 다수 논리에서 벗어나는 경험도 가져다 줍니다. 1,000명 중에 999명이 가는 길이라도 그 길이 틀린 길이라면 그러한 다수 논리에 편승하기보다는 한 사람이 걸어가는 진리의 길에 발걸음을 함께 하는 그 용기 있는 마음 씀씀이 말입니다.

얍복강 이후의 야곱은 이스라엘이라는 이름을 얻게 됩니다. 존재를 새롭게 했다는 이야기이겠죠. 이제 야곱은 그토록 끈적거리며 따라다니던 불안과 소외를 적절히 다스릴 수 있게 되었습니다. 자신의 내부에 활성화되어 있는 욕망이라는 녀석을 알아차리고 욕망의 프레임을 제어하기 위한 씨름 한판을 멋지게 받아냈기 때문입니다.

안타까운 것은 예레미야가 살아가던 시절의 남쪽 유다 사람들이 이 씨름 한판에 선뜻 나서지 않는다는 것입니다.

Stop, 그리고 다시 걸어가는 거죠~

"처녀 이스라엘아, 내가 다시 너를 일으켜 세우겠으니 네가 다시 일어날 것이다. 너는 다시 너의 소구를 들고, 흥에 겨워 춤을 추며 나오게 될 것이다." 렘31:4

하나님은 이스라엘을 향해서 애정이 담뿍 담겨 있는 말을 하고 계십니다. 어차피 이스라엘을 향한 하나님의 애정 어린 관심은 하나님의 마음속 한가득입니다. 그러니 하나님의 입에서 온갖 경고와 돌이킴을 촉구하는 말이 차갑게 나온다 한들 결국은 자신의 자녀를 끌어안겠다는 의지를 드러내시는 분이심이 분명합니다.

문제는 사람들이 자기 욕심에 사로잡혀 있어서 하나님의 속내를 알아차리지 못하는 데 있는 겁니다. 사람들은 말초적인 감각만을 활성화시킬 뿐, 애정 어린 하나님의 속내를 알아차리며 서로 신뢰하는 관계를 만들어가지 못하니 말입니다. 먹고 싶은 것을 달라고 하고, 하고 싶은 것을 하게 해달라고 조르면서 자신의 요청이 받아들여지면 엄청난 환호를 지르며 '나의 하나님' 이라고 소리를 높입니다. 그렇지만 자기를 십자가에 올리시면서까지 '자기 십자가를 지고 나를 따라오너라' 하시며 생활의 모범을 보이신 예수의 뒤를 따라야 하는 상황에 이르게 되면 그렇게 살아내는 이들은 소수에 불과합니다. 오죽하면 자기를 떠나가는 사람들을 바라보시면서 제자들에게 '너희도 나를 떠나려 하느냐'(요6:67) 라고 물어보셨을까요?

사람들은 말초적인 감각에만 집중하는 경향을 보입니다.

그러니… 글쎄요, '에브라임 산에서 파수꾼들이 어서 시온산으로 올라가 주 우리의 하나님 앞으로 나아가자! 하고 외치는 날이 반드시 올 것이다'(렘31:6절)라는 말이 현실에서 실현되기는 요원해 보이기만 하는 것은 왜일까요?

사람에게는 자기 계발을 통해서 자신의 무의식에 자리하고 있는 것을 의식의 표면으로 끌어올리는 능력이 있다고 합니다. 쉽지 않은 작업이지만 그래도 역사 속에서 종종 이러한 지혜로운 사람들이 나타나기도 했으니 불가능한 이야기는 아닌 듯합니다. 그렇지만 시장에서 흔하게 교환되고 있는 값싼 종교적 상품으로는 이런 일들이 불가능할 겁니다. 왜냐구요? 시장의 요구는 말초적이고 피상적이며 보이는 가치로서의 '교환이 가능한 수준'에 머물러 있기 때문입니다. 그리고 이러한 요구에 응답해서 생산되고 제공되는 종교적 상품은 시장의 요구를 넘어서기가 매우 어려울 거니까요.

시장에서 값싸게 생산되는 종교적인 상품들이 흔하게 유통되고 있고, 이러한 상황을 은근히 즐거워하는 시장의 도매상인들은 구매

자들의 입맛에 맞는 상품을 선별해서 대량으로 제공하면서 자기들의 이익을 챙기곤 하는 거잖아요. 예레미야는 이러한 시절을 살아가는 일이 많이 속상합니다.

> **"그들이 또한 서로 대답하기를 그들이 주 그들의 하나님과 맺은 언약을 깨뜨리고 다른 신들과 경배하면서 섬겼기 때문이다 할 것이다."** 렘22:9

어쩌면 그렇게나 많은 공부를 하고 기도도 많이 한다고 자부하는 이들이 입술로는 하나님을 부르면서, 실제로는 이방신을 섬기는 이중적인 생활을 정당한 신앙 생활이라고 고집하면서, 또는 타당하지 않다는 것을 알고 있으면서도 합리화시키는 언행을 서슴지 않는 것은 안타까운 일입니다.

자기들의 마음속에 화해와 일치를 가장한 욕심이 자리하고 있다는 것을 알아차리라고 일깨워주는 예언자의 소리는 저 멀리 뒤로 하고 자신에게 당장의 현실적인 유익을 주는 생각을 따라가는 사람은 참된 자기를 찾아내지 못합니다.

그래도 끝까지 희망의 끈을 놓지 않는 것은 인간은 자기의 내면을 탐색하고 불의와 미움이 자리하고 있는 것을 눈치챌 수 있는 존재이기 때문입니다. 사람이 꾸준한 명상과 독서 또는 여행 등 다양한 방법을 통해서 자기의 무의식의 세계를 탐색할 수 있는 능력을 갖추기만 하면 자신이 살아가는 잘못된 현재적인 삶의 양식을 눈치채고 하나님이 바라시는 원형으로서의 삶의 양식을 회복할 수 있을 겁니다.

그러니 누군가가 조용한 자리에 앉아서 명상을 하거나, 글쓰기에 몰입하고, 또는 새로운 경험을 찾아서 이리저리 여행을 다닌다는 것은 자신의 본래적인 모습을 발견하고 또는 자신이 살아가야 할 그 태초의 삶의 자리를 찾아내는 작업에 임하고 있다는 것을 의미한다고 할 수 있습니다.

그렇지만 만약에 누군가가 명상과 글쓰기, 그리고 여행 등의 작업을 통해서 자기의 현재적인 삶에 정당성을 부여하고 자기 합리화를 하는 작업에만 집중한다면 그것은 자기설득, 또는 자기기만을 일삼는 사람이라는 평가를 벗어나기 어려울 겁니다. 왜냐하면 자기 논리를 주장하고 일그러져 있는 자기의 삶이 정당하다는 것을 스스로에게 설득하는 사람은 객관성을 확보하는 작업보다는 자기중심성에 매몰되어 있으면서 자신의 성을 굳게 쌓아가는 소아적인 사람일 확률이 매우 높기 때문입니다.

이러한 양식의 삶을 살아가는 사람은 자신의 삶의 원칙과 방식이 자신에게 불리하게 작동하기 시작하면 얼굴색 하나 붉히지 않고 다시 자신에게 유리한 방식과 원리를 만들어내기 위해서 소리를 지르고 주장하며 우기기 시작할 겁니다.

이러한 상황에서 한 가지 더 안타까운 상황은 자기중심적 삶의 양식으로 살아가는 이들이 지도력을 획득할 때입니다. 이들이 자기들의 논리를 사람들에게 제공하기 시작하면 일반 대중들은 집단의 논리에 포로가 되어 자기들이 무슨 소리를 따라 살아가는지는 알지도 못한 채 자기중심적 지도자들이 제공하는 논리를 따라서 소리를 지르고 폭력도 불사하는 집단 이기주의의 구성원으로 살아가기 때문입니다.

신약성서의 사도행전에는 이러한 상황이 아주 구체적으로 묘사된 장면이 나타나고 있습니다. 바울이 에베소에서 복음을 전하다가 에베소의 이방신을 믿는 이들과 갈등을 경험하는 중에 나타난 장면입니다.

> **"극장 안에서는 더러는 이렇게 외치고 더러는 저렇게 외치는 바람에 모임은 혼란에 빠지고 무엇 때문에 자기들이 모였는지조차 알지 못하는 사람이 많았다."** 행19:32

이런 무지함이 세상에 가득 차 있는 상황에서 예레미야는 일관되게 남유다가 바벨론의 포로로 잡혀간다는 것을 말하고 있습니다. 지난날의 일그러진 삶의 양식으로서의 관성이 살아 있는 한, 남쪽 유다가 자기들의 문제를 스스로 해결할 가능성은 없어 보입니다. 그러니 달려가던 발걸음을 일단 멈추고 작동하고 있는 이전의 관성을 완전히 멈추게 한 다음에 다시 출발하는 것이 남유다가 하나님에게로 돌아가는 지름길이라는 것을 예레미야는 너무나도 잘 알고 있습니다.

그러니 예레미야는 남유다에게 바벨론에 포로로 잡혀감으로써 지난날의 타당하지 않은 역사의 단절을 요청하고 있는 겁니다. 너무 심하게 망가진 것은, 그래서 수리가 불가능한 것은 완전히 해체하고 재사용이 불가능한 것은 새로운 부품으로 대체해서 다시 조립하는 수밖에는 방법이 없을 거니까요.

마치 우리가 사용하는 언어에는 우리의 삶의 습관과 문화가 배어 있고 습관적으로 튀어나오는 언어에는 문화적 관성이 붙어 있어서 쉽사리 고치기 어려운 상황과 같은 이치가 아닐까요? 그러니 누군가가 언어의 관성을 눈치챘다 하더라도 입에 붙은 언어를 계속해서 사용하는 한 그것은 과거의 생활 양식을 답습하면서 고장 난 채로 살아가고 있다는 것을 말하는 것과 다름이 아닌 거죠.

예레미야는 남유다에게 바벨론에 포로로 잡혀감으로써 급격한 삶의 단절, 역사의 단절을 받아들이며 이로 인하여 잘못된 과거의 습관과 생활 양식을 전향적으로 포기할 것을 요청하는 것입니다.

"너는 길에 푯말을 세우고 길표를 만들어 세워라. 네가 전에 지나갔던 길과 대로를 잘 생각하여 보아라." 렘31:21절

이전에 구부러진 길을 돌이킴 없이 걸어가려는 사람들에게는 회복의 은총이 주어지지 않습니다. 하나님의 은총은 잘못된 것을 잘못되었다고 인정할 줄 아는 성찰적 안목과 그로 인하여 자신의 삶의 양식을 속도감 있게 바꾸어내는 사람들에게 주어집니다.

“나는 지친 사람들에게 새 힘을 주고 굶주려서 허약해진 사람들을 배불리 먹이겠다.” 렘31:25절

믿음길을 걸어간다는 것은 꾸준한 성찰을 통해서 날마다 새롭게 다가오시는 하나님의 존재 양식을 알아차리고 자신의 삶의 양식을 새롭고도 유연하게 가꾸어 가는 작업에 임하는 것을 의미합니다.

닭달질을 하고 있는 거예요

인간은 수렵 채집의 시대를 거쳐서 약 5,000여 년의 농경 사회를 살아왔습니다. 상대적으로 덜 계발(?)된 인간의 이성과 함께 살아온 수렵 채집의 시대와 농경 사회로부터 중세 시대에 이르기까지 비록 과학적인 오류를 -예를 들면 천동설을 믿으면서 지동설 주창자들을 박해했던- 범하면서 살았다 하더라도 하늘에 대한 경외심을 가지고 살아온 시절이라 할 수 있겠습니다.

그러다가 인류의 역사는 프로메테우스가 인간에게 불을 전달해주는 것과 같은 경험을 하게 됩니다. 바로 인문주의 -프로메테우스가 전달해준 '불'이라 할 수 있는- 라고 말할 수 있는 인간의 이성이 눈을 뜨는 시절을 경험하는 사건입니다. 비행기를 만들어 하늘을 날고, 증기 기관차를 만들고, 방직기를 만들면서 대량 생산을 가능하게 하는 급격한 역사 발전이 이루어지면서 인간은 자신의 능력의 무한함을 경험하는 시대로 진입하게 되었죠. 이렇게 계몽된 인간의 이성이 신의 영역인 줄 알았던 곳에 한 발자국씩 발을 들여놓으면서 경이로움으로만 설명했던 일들을 인간의 이성에 의하여 논리적으로 설명할 수 있게 된 것입니다. 정말이지 시험관에서 배양된 수정체가 다시 자궁에 이식이 되어 생명이 태어나고 그렇게 인간은 신의 영역인 줄 알았던 생명의 과정에 관여하는 일을 -중세인들은 상상도 하지 못한 일을- 일상으로 수행하고 있는 현대 사회를 살아가고 있는 거니까요.

이제는 산업 사회에서 정보통신 시대로 그리고 현대 이후의 사회 post-modernism를 살아가면서 한 세대에도 여러 번의 생활양식의 전환을 수용하고 받아내야 하는 시절을 살아가게 되었습니다. 생활도 많이 편리해졌고 초음속의 시대와 정보 통신 시대를 살아가면서 지구 반대편의 이야기를 실시간으로 접하는 고품질의 생활을 누리면서 살아가는 시절이 되었습니다.

그런데 한 가지 심각한 문제가 있습니다.

편리해진 고품질의 시대에도 인간은 만족하지 못하며 여전히 욕망의 자녀로 살아가고 있다는 것입니다. 이전보다도 더 많이 소유하고 있고 불과 십여 년 전보다도 훨씬 빠른 속도를 경험하면서 살아가고 있음에도 불구하고 '더 많이'와 '더 빠르게'를 요구하는 인간의 욕심은 '더 많이'와 '더 빠르게'를 자신의 삶에 안착시키기 위하여 경쟁하는 삶을 거부하지 않게 되었지요. 그리고 필요 자원을 확보하기 위하여 지구별을 닦달하게 됩니다.

결국 어제보다도 더 많이 가지게 되었고 더 빠른 삶을 경험하게 되었는데도 인간은 여전히 만족하지 못하고 욕망에 시달리는 삶에서 벗어나지를 못하고 있습니다. 그러니 김혜순 시인은 '껍질의 노래'를 부르면서 오늘의 시절을 읽어내고 있습니다. 시인은 자신의 시에서 먹은 것을 토하는 지경에서도 다시 입술은 젖꼭지를 물고 만다고 이야기합니다. 영혼이 말라죽어도, 하늘길이 부서져 내리고 몸은 뼈와 가죽만이 남아서 삐쩍삐쩍 말라가더라도 상관하지 않고 꾸준히 자기 욕심을 따라 살아감을 안타까워하고 있습니다. 사실 이런 욕망의 자녀로 살아간다는 것은 자신을 텅 빈 존재로 이끌어 가는 건데 말입니다.

이렇게 살아가는 삶은 교회에도 그대로 파고 들어와 자리를 잡고 말았습니다. 신앙공동체임에도 불구하고 크기 경쟁을 하고 규모의 논리를 그대로 적용하며 교회를 운영한 것이죠. 그러니 오늘의 예언자들이 아무리 치열하게 노래를 부르며 각성을 촉구한다고 한들 돌이켜지지는 않을 겁니다. 오늘날 일단의 교회는 자기들이 믿는 흔들리지 않는 믿음을 가지고 있거든요. 그리고 이러한 시대의 정신을 성실하게 수용하여 규모의 신앙공동체를 만들어내고 말았잖아요? 그러니 대형 교회에 다니는 일부 그리스도인들은 그 크기의 논리로 자신의 자존심에 높은 계급장을 달며 당당해하기도 합니다. 그러니 상대적으로 작은 교회에 다니는 사람들은 움츠러드는 어깨를 느끼기라도 하면 당당하기 위해서는 보다 커다란 예배당을 지어야 한다는 당위에 짓눌리는 믿음길을 걸을 수도 있는 시절이라는 생각입니다. 어떠신가요? 우리가 우리 스스로를 닦달하는 세상이 됐는데 자기를 닦달하는 사람은 그걸 모른 채로 살아가고 있는 것은 아닌지요?

그런 생각을 하면서 읽은 예레미야 32장에는 조금은 앞뒤가 맞지 않는 하나님의 요청이 눈길을 끌었습니다.

"예레미야 너는 밭을 사두도록 해라"

"예? 지금까지 저는 하나님 말씀대로 나라가 바벨론에 점령당할 거란 말을 꾸준히 해왔는데 저보고 땅을 사라고요? 망하는 나라의 땅을 사라니요? 이건 앞뒤가 맞지 않는 거라고요."

"너는 나의 생각을 이해한 후에 따르려 하는 거냐? 너는 내가 하나님이라는 것을 잊고 있는 듯하구나. 그러니 네가 네 맘대로 나를 규정하고 나의 생각을 이해하려고 하는 거야. 나는 하나님인 것을 기억해라. 너의 머리로는 절대로 이해할 수 없는 하나님인 것을… 나는 모든 일을 할 수 있는 창조주인 것을… 그러니 땅을 사도록 해라."

예레미야는 일관되게 자신이 깨달은 하나님의 뜻을 남쪽 유다 사람들에게 전했습니다. 그것은 바벨론에 의하여 남 유다가 망한다는 내용이었죠. 그런데 이제 와서 하나님은 예레미야에게 땅을 사라고 하시는 겁니다. 그러니 예레미야는 정신이 아득합니다. 앞뒤가 맞지 않는 하나님, 이랬다가 저랬다가 하시는 하나님을 사람들에게는 뭐라고 설명할 수 있을까요?

그래도 예레미야는 땅을 사는 작업을 합니다. 어쩌면 예레미야는 땅을 사라는 하나님의 의도를 이렇게 이해했을 겁니다.

"똑똑히 들어라. 내가 분노와 노여움과 울화 때문에 그들을 여러 나라로 내쫓아 버렸다. 그러나 이제 내가 그들을 이 모든 나라에서 모아다가 이곳으로 데려와 안전하게 살게 하겠다. 그러면 그들은 나의 백성이 되고 나는 그들의 하나님이 될 것이다." 렘32:37-38

예로부터 고대 이스라엘에서 땅은 삶의 기반을 의미하기도 했었으니 땅을 획득한다는 것은 삶의 기반을 새롭게 한다는 것을 의미할 거고 그건 아마도 욕망이 제어되는 삶의 자리를 마련하라는 이야기일 겁니다. 인간은 가끔 비교급으로 살아가는 모습을 보이곤 합니다. 그러니 현재에 만족하지 못하고 더 많이 소유하기 위해서 이웃과 자연을 몰아세우면서 살아가고 있는 거죠. 이 상황에서 내면에서 활성화되는 욕망을 제어할 수 있는 것은 하나님이 바라시는 삶의 자리로서의 '땅'을 선용하는 작업이 될 겁니다. 실제로 고대 이스라엘의 지주들은 추수를 하면서 가난한 이웃을 위하여 이삭을 넉넉하게 흘리기도 했잖아요?

우리가 삶의 자리로서의 '땅'을 생각해야 하는 이유 중의 하나는 나눔을 가능하게 하는 '사랑'입니다. 욕망은 '서로 사랑하며 살아가는 삶'으로 나가지 못하게 하는 걸림돌이니까요. 성서는 우리들에게 이렇게 이야기합니다.

"하나님을 사랑하는 것은 그 계명을 지키는 것입니다. 하나님의 계명은 무거운 짐이 아닙니다." 요일5:3

그렇지만 욕망의 문제를 제어하지 못하는 사람에게 '사랑'은 무거운 짐이 되고 맙니다. 내가 이겨 먹어야 하는 사람을 사랑하라니요? 이웃을 무찌르고 극복해야 하는 대상으로 이해하는 마음의 구조가 활성화되어 있는 한, 사랑하는 삶으로 나아가는 일은 요원하기만 할 겁니다.

실제로 예레미야가 살았던 시절의 사람들은 자기가 잘되려고 자기들의 자녀들조차도 제물로 바치는 일을 서슴지 않았습니다. 이런 일은 자기를 제물로 바쳐서 자신의 성공을 추구하는 자해행위와 같은 것으로 이해될 수 있는 장면이죠.

> **"또 그들은 자기들의 아들딸들을 불태워 몰렉에게 제물로 바치려고 힌놈의 아들 골짜기에 바알의 산당을 쌓았는데" 렘** 32:35

오늘도 일단의 사람들은 하나님의 이름을 앞세워 자신의 내밀한 의도를 실현시키기 위하여 사람을, 자연을 바알에게 제물로 내몰아가는 '닦달질'을 하면서 살아가고 있는 것 아닌가요? 이러한 시절의 흐름이 대세를 이루고 있는 삶의 정황에서 오늘의 그리스도인들은 '사랑'이 활성화되는 새로운 삶의 자리로서의 '땅'을 마련하는 작업을 진심으로 수행해 내야 하겠는데요?

하나님이 눈물을 흘리시거든요

주전 8세기를 살아가는 이스라엘은 너나 할 것 없이 불법의 관성에 올라탄 채로 브레이크가 고장 난 끝없는 질주를 하고 있습니다. 종교지도자들은 하나님의 이름을 팔아 거짓말로 예언을 하고 있었고(렘23:25) 그런 거짓 이야기를 큰 소리로 '아멘~' 하고 들으면서 생활하는 백성들은 시장에 좌판을 펴놓고는 되는 줄이고 추를 늘리며 가짜 저울로 사람들을 속이는(암8:5) 생활을 하고 있습니다. 성직자들이 전하는 거짓 예언을 따라 살아가는 시장 사람들이니 죄책감이나 양심의 가책 같은 건 느낄 여지가 없습니다.

마치 소돔과 고모라에 살았던 사람들이 자기들의 쾌락을 추구하기 위하여 지나가는 나그네를 보호하려는 롯의 제안을 거절하고 도시가 망할 때까지 악행을 멈추지 않았던 상황과 다름이 없는 삶을 살아가고 있는 시절인 겁니다. 예레미야도, 호세아도, 아모스도 하나님의 신탁을 통한 본래적인 삶에로 돌아오라는 이야기를 전하지만 백성들은 꿈쩍도 하지 않습니다. 이미 그들은 진리가 된 일그러진 시대정신의 자녀들로 살아가고 있기 때문입니다. 그러한 삶의 저변에는 자기들의 이익을 보장받기 위하여 왜곡된 하나님의 말씀을 전하는 욕심꾸러기 종교 지도자들의 역할이 있습니다. 그러니 호세아는 이렇게 이야기합니다.

"제사장이 많아지면 많아질수록 나에게 짓는 죄도 더 많아지니 내가 그들의 영광을 수치로 바꾸겠다. / 에브라임이 죄를 용서받으려고 제단을 만들면 만들수록 늘어난 제단에서는 더욱더 죄가 늘어난다." 호세아서4:7 / 8:11

그러니 아모스도 이미 상황에 대한 판단을 정리한 모양새입니다.

"나 하나님이 옛날에 소돔과 고모라를 뒤엎은 것처럼 너희의 성읍들을 뒤엎었다. 그 때에 너희들은 불 속에서 끄집어낸 나무조각처럼 되었다. 그런데도 너희들은 나에게로 돌아오지 않았다." 아모스서4:11

그러니 시대를 통찰하는 예언자들의 눈에는 욕심꾸러기 종교 지도자들이 전하는 이야기를 통해서 세상이 회복될 것이라는 희망을 품고 살아가는 일이 난감하게 보이기만 합니다. 시대정신에 충실한 종교 지도자들이 전하는 이야기는 대세를 이루어서 누구도 거스를 수 없는 시대정신으로 자리를 잡고 있고 대다수의 회중들은 자기들의 삶을 타당하다고 지지해주는 이념적 선포에 만족해하며 성실하게, 그리고 최선을 다해서 시대의 종교지도자들이 전해주는 이야기에 부응하는 삶을 살아가고 있으니 말입니다.

그러니 어쩌겠습니까? 예레미야는 기존의 삶의 방식의 멈춤을 통한 회복을 이야기하고 있습니다.

"'그만들 하시죠? 여러분들이 저지르는 그 모든 악행을 멈추고, 우상숭배도 멈추고 돌아오세요'라고 이야기를 해도 정말이지 여러분들은 듣지를 않으니 하나님은 바빌로니아의 왕 느부갓네살을 시켜서 여러분들의 삶의 자리를 깡그리 폐허로 만들어버릴 겁니다." 예레미야25:5-14절 참조

그렇지만 예언자는 사람들이 자신의 말을 진중하게 들어내고 돌이킬 것이라는 기대를 가지고 있지 않습니다. 시장을 장악한 주류 시대담론은 사람들을 견고하게 붙잡고 탄탄한 대오를 유지하게 하는 마성을 가지고 있으니 오히려 올곧게 하나님의 뜻을 통찰하고 이야기 전하는 소수자들은 고단하고 외로운 삶으로 내몰리기 일쑤입니다. 이러한 상황에 대한 예언자의 해법은 역사의 단절입니다. 그 기존의 시대정신이 부여한 관성이 시퍼렇게 살아있는 상황에서 급격하게 역사의 전환이 이루어지지 않을 것이니 차라리 왜곡된 주류 역사를 끊어버리고 과거가 부여한 관성의 영향을 받지 않는 시대에서의 희망을 이야기하는 거죠.

지금 예레미야는 근위대의 뜰에 갇혀 있습니다.(렘33:1) 그리고 답답한 마음을 간신히 누른 채로 하나님의 계획을 말하고 있습니다. 아무도 귀 기울여 듣지 않을 것이라는 것을 아는 채로 말이죠.

"내가 이 땅의 포로들을 돌아오게 하여 다시 옛날과 같이 회복시켜 놓겠다. 나 주의 말이다." 렘33:11b

이렇게 하나님의 이야기를 전하고 있는 예레미야는 당시의 회중들이 자신이 전하는 이야기에 왜 귀를 기울이지 않는지, 그리고 하나님의 뜻을 향해 모여들지 않는지에 관한 이유를 이해하고 있을지도 모를 일입니다. 사람들은 다수의 논리에서 유리된 채로 살아가는 일을 잘 견디지 못하기 때문입니다. 가만히 생각해 보면 오늘날의 사람들이 살아가는 모습에서도 이러한 삶의 양상을 살펴볼 수 있을 법 합니다. 멀쩡한 휴대폰도 새로운 상품이 나왔다는 이유 하나만으로 선뜻 구매하여 교체하고 TV의 광고에서 풍성하게 흘러나와 많은 사람들이 소유하고 있는 물건을 나도 가지고 있어야만 동질감을 느끼고 상실감을 극복하는 모습 말입니다. 어쩌면 이러한 모습은 자기 자신의 삶을 포기하고 자발적으로 획일적 삶에 수용당하는 오늘의 군상일 겁니다.

이렇게 역사의 단절을 전제한 회복을 이야기하는 예레미야는 진실하게 살아가야 한다는 당위성에 밀려서 스스로를 외로움 가득한 삶의 자리로 몰아가고 있는 건지도 모를 일입니다.

그러니 집단적으로 빗나간 가치를 노래하는 삶의 자리에서 외로움을 경험하는 것은 차라리 은총일 수 있습니다. 모두가 맘몬을 노래하는 삶의 자리에서 쫓겨나서 홀로 근위대의 뜰 안에 갇혀 있는 예레미야의 처지가 차라리 구원의 노래를 부를 수 있는 순결한 삶의 자리일 수도 있기 때문입니다.

물론 이러한 외로움이 가득한 삶의 자리에 대해서 함부로 구원의 자리이니 순결한 삶의 자리이니 말하는 것도 조심스러운 일입니다. 외로움을 한가득 등에 짊어지고 걸어가는 삶은 너무 힘에 겨워 넘어질 수도 있을 법하니까요. 이러한 상황에 대해서 프랑스의 오르텅스 블루라는 시인은 '사막'이라는 시를 통해서 이렇게 묘사했습니다. 사막을 걷고 있는 사람이 그 여정이 너무도 외로워서 뒷걸음질로 걸었다고요. 그렇게 걸어가는 것은 사막에 찍히는 자신의 발자국을 보고 홀로 걷는 자신의 여정을 위로하기 위해서였답니다.

'시장성이 없는 진리'에 기반한 믿음의 길을 걸으면서 만나는 삶의 자리는 정말 난감한 자리일 겁니다. 왜곡된 진리가 참 진리의 노릇을 하고 있는 세상에서 희생과 헌신을 요구하는 예수의 뜻을 삶으로 받아내면서 믿음의 길을 걸어야 하니까요. 이런 상황에 대하여 프랑스의 신학자인 자끄엘룰은 이런 말을 하고 있습니다.

"예수 그리스도에 의하여 계시된 기독교는 반인간적이어서 쉽게 용납할 수 없는 걸림돌이다. 그러나 교회는 예수 그리스도와는 상관없는 호의적인 기독교를 만들어서 모든 사람들을 만족시키고 있다."

그러니 '시장성이 없는 진리'에 기반한 삶을 살아가는 예레미야는 시대정신에 의해 경험해야만 하는 '왕따' 상황을 받아내야만 합니다. 그리고 정호승 시인은 자신의 시 '수선화에게'를 통해서 이렇게 예언자의 길을 걸어가는 순결한 믿음의 사람들에게 울지 말라고 외로우니까 사람이라고, 하나님도 외로울 때는 눈물을 흘리신다고 이야기하며 위로하고 있습니다.

그래서인가요? 예레미야는 충만한 외로움에 갇혀 있는 자신의 처지가 답답할 법도 하지만 그럼에도 불구하고 희망을 이야기하고 있습니다.

> **"그 때 그 시각이 되면 한 의로운 가지를 다윗에게서 돋아나게 할 것이니 그가 세상에 공평과 정의를 실현할 것이다." 렘** 33:15

시절이 혼란할 때에는 참 진리에 기반한 소수자들이 자기에게 밀려오는 외로움을 품고 눈길이고 빗길이고를 걸어 내겠지요. 이들의 발걸음이 임계점에 이를 때 소수자들이 다수를 견인해내고 하나님의 나라를 희망하게 하며 '주님은 우리의 구원이시다'라고 노래하는 시간 속으로 문득 들어설 수 있을 겁니다.

마음이 잘 익어가야죠

예레미야 35장에는 문득 레갑족속이 등장하더니 레갑족과 유대인들의 생활이 비교되는 장면이 나옵니다. 아마도 이 장면에 등장하는 레갑족속은 보수적인 문화생활을 하고 있었던 것 같습니다. 그들의 거처는 장막이었고 포도주를 마시지 않았는데 이러한 생활양식은 그들의 조상으로부터 전해오는 전통으로 보입니다. 이런 상황에서 예레미야가 레갑족에게 포도주를 마시자고 제안을 하니 이들은 이렇게 응답하고 있습니다.

> **"우리는 요나답이 우리에게 명령하신 말씀에 순종하여 우리와 우리 아내와 우리 아들과 딸이 일평생 포도주를 마시지 않습니다"** 렘35:8

그런데 이런 레갑족속에 비하여 남쪽 유다 사람들은 자기들이 지키며 살아가야 할 하나님과의 약속을 손바닥 뒤집듯이 뒤집으며 자기들의 편안함을 따라 살아가니 성서는 이 대목에 대하여 이렇게 말하고 있습니다.

"레갑의 아들 요나답의 자손은 조상이 자기들에게 명령한 분부를 그렇게 엄수하는데 이 백성은 나의 말을 듣지 않았다."
렘35:16

어떤 이들은 인간에 관하여 '탈 중심적 사고방식'을 가지고 있는 존재라고 합니다. 또 다른 이들은 인간의 '탈 중심적 사고방식'을 '반성 능력'이라고도 하더군요. 인간은 자신의 내면의 생각을 탐색하고 자신의 생각은 어떻게 형성이 되며 그 생각을 가지고 살아가면 어떠한 삶의 자리에 도착하게 될 것인지도 미루어 예측할 수 있는 존재라는 뜻일 겁니다. 일반 동물들이야 식욕, 성욕, 종족 보존의 욕구 등 본능에 따라 살아가는 수준에서 벗어나지 못한 채로 한 생을 살아가지만, 인간은 자신의 식욕을 제어하고 성욕과 종족 보존의 욕구도 스스로 조절하면서 살아갈 수 있는 독특한 존재이니까요.

중요한 것은 인간의 사고 능력이 어느 곳을 향해서 활성화되느냐는 겁니다. 누군가가 '탈 중심적 사고방식'을 자신의 내면에 활성화해내면서 살아간다고 하더라도 그것이 일상적이지 않고 보편타당하지 않은 성찰 능력으로 작동해서 엉뚱한 말을 하고 상식적이지 않은 행동을 하는 것이라면 그건 정말 곤란할 거니까요.

예레미야 시절의 남쪽 유다 사람들은 자기 삶을 타당하게 돌이켜보는 능력을 작동시키면서 살아갔을까요? 아마도 누군가가 당시의 사람들에게 '여러분들의 삶이 대단히 주관적이고 하나님의 뜻과 동떨어진 삶'이라고 비평적 조언을 하기라도 하면 당시의 사람들은 '그게 무슨 소리냐고, 우리가 얼마나 열심히, 그리고 열정적으로 하나님의 뜻을 생각하고 묵상하면서 살아가는지를 알지 못해서 하는 소리'라고 얼굴을 붉히면서 대응을 할 겁니다. 그래도 예언자의 눈에는 남쪽 유다의 사람들은 하나님의 뜻을 올바르게 이해하면서, 자기들의 삶의 양식을 객관적인 비평적 잣대에 올려놓고 살피면서 살아가는 사람들로 보이지 않습니다. 그들은 이방신을 하나님이라고 부르면서 진심으로 기도하고, 열정을 다해서 찬양을 부르며 우상을 하나님이라고 굳게 믿는 자기들의 신념을 이웃에게 진리랍시고 이야기했을 거니까요.

오늘의 교회 안에도 맘몬을 하나님이라고 부르면서 열심히 찬양하고 눈물을 흘리면서 맘몬 하나님에게 기도하는 모습을 어렵지 않게 찾아볼 수 있을 듯도 합니다. 왜 그럴까요? 왜 인간은 하나님의 바람을 온전히 알아차리지 못하고 반복적으로 하나님의 뜻을 저버리는 삶을 살아갈까요?

플라톤은 인간을 칭하는 말 'anthropos'를 분석하면서 '자기가 본 것을 탐구할 수 있는 자'라고 규정했다고 합니다. 그런데 이 대목에서 한 가지 난감한 문제가 발생할 수 있는데요, 그것은 인간은 상식적이고 본래적인 사고를 할 수 있지만, 또 한편으로는 비상식적이고 비본래적인 사고도 할 수 있는 존재라는 것입니다.

인간의 내면에서 호시탐탐 기회를 노리고 있는 욕망이라는 녀석은 조금만 틈을 내어주면 세상을 보는 우리들의 시선을 자기중심적으로 구조화하고 그렇게 작동하도록 조작하는 녀석이기 때문입니다. 그러니 우리들의 삶은 이러한 내면의 욕망과 평생토록 다투면서 살아가는 것이겠죠. -뭐 다투기라도 하면서 살아갈 수만 있어도 대단히 훌륭한 삶을 살아간다고 할 수 있겠다는 생각입니다.-

자기를 내면의 욕망이라는 녀석에게 점령당한 사람은 결국 살아가는 여정이 자기중심성의 제어를 받기 때문에 자신이 경험하는 매사를 자기 생각을 변증하고 자기 논리를 다른 이들에게 강제하기 위해서 목소리를 높이며 물리적인 힘을 사용하는 식의 삶을 살아가게 될 겁니다. 거기에다가 논리적이고 화려한 입담을 가지고 있기라도 하면 논쟁에서 이기기 위해서 치밀한 논리를 만들어낼 거고요, '이기면 장땡'이라는 마음을 가지고 자신의 치밀한 자기중심적 논리에 짓눌려 힘들어하는 이들은 배려하지 않으면서, 아니 힘들어하는 것이 당연하다고 하면서 승리의 축배를 드는 식의 삶을 살아가겠지요.

답답한 마음에 책꽂이를 살피다가 시집을 한 권 뽑아 들었습니다. 그리고 시집 속에는 삶이 무엇인지를 고민하면서, 어떠한 마음가짐을 가지고 살아가는 것이 보다 타당한 삶으로 진입하는 것인지를 차분히 생각하는 이들의 흔적이 담겨 있습니다.

시를 쓸 때에는 아까운 말들도 곧잘 버리면서
삶에선 작은 것 하나도 버리지 못하는 나의 욕심이 부끄럽다.

(중략)

종이에 적지 않아도 나의 삶이 내 안에서
시로 익어가는 소리를 듣는 맑은 날이 온다면

나는 비로소 살아있는 시인이라 감히 말 할 수 있으리
- "삶과 시" 중에서, 이해인-

그렇군요,

오래도록 믿음의 길을 걸어가면서 왜곡된 다수의 횡포가 '횡횡'한다고 해서 걸어가던 발걸음을 멈출 일은 아니었습니다. 믿음의 길을 걸은 시간과 거리의 효율성을 생각하며 실망하기보다 내 안에서 시가 익어가는 소리가 울려날 때까지 꾸준히 자기를 돌아보고 성찰하는 여정이 중요하겠습니다. 힘들고 어려운 생활 때문에 하나님의 온전하신 뜻을 알면서도 외면하거나 혹은 올곧은 길을 외면하는 자기를 미워하며 자신의 삶을 부정하거나 해서는 안 되겠지요. 예레미야가 자신의 믿음길 때문에 사람들에게 손가락질을 당하는 삶을 살아가지만, 그 삶을 가능하게 하는 신념을 놓치지 않는 것이 우리들에게 희망입니다. 바울도 복음전도자의 길을 걸어가면서 만만하지 않은 핍박과 고통을 경험하기도 했으나 그래도 굴하지 않고 자신의 삶을 살아내며 하나님의 나라를 희망했으니까요.

언젠가 읽은 정명성의 "진주조개"라는 시가 아프게 떠올랐습니다.

아프고 고통스러우냐, 그래도
뱉어내면 안 된다.
뱉어내면
그대로 모래알일 뿐이지만
품으면 보석

살이 찢기느냐
피를 흘려라 그러나
비명을 지르더라도
입은 벌리지 마라
(중략)
그리고 먼 훗날
눈물의 임금이 찾아오시면 비로소
상처투성이의 입을 열라

어여쁜 임금이
네 속에서
진주를 꺼내시리니

성서요? 거울을 보듯이요!

"정말 말을 듣지 않습니다. 어쩌면 좋을지 모르겠습니다."

"그렇구나, 사람들이 저렇게 확실하게도 엉뚱한 생각에 사로잡혀 있으니 어쩔 방도가 없구나."

"그러게요, 주님이 어쩌실 수 없다고 하시니 저는 더욱 난감하기만 합니다."

시드기야 임금은 난감해하는 예레미야에게 기도를 요청합니다. 바빌로니아 군대에 둘러싸여 있는 상황에서 돌파구를 찾는 노력으로 보입니다.

> **"시드기야는 제사장 스바냐를 예레미야에게 보내어 자기들을 도와 그들의 주 하나님께 기도를 드려달라고 청하였다." 렘** 37:3

그러나 예레미야는 냉정하기만 합니다. 시드기야는 바빌로니아의 느부갓네살 임금에 의하여 세워진 왕임에도 불구하고 이집트에게

도와달라는 손짓을 보내고 있으면서, 동시에 하나님의 도움을 구하는 그 행태가 마땅하지 않은 겁니다.

이집트 군대가 움직이는 조짐을 보이자 바빌로니아는 잠시 예루살렘의 포위망을 풀고 이집트의 군사적 움직임에 대응하기 위하여 물러나는 듯합니다. 이때를 틈타서 시드기야는 뭔가 탈출구를 모색하는 모양새입니다. 그러나 예레미야가 전하는 하나님의 음성은 시드기야의 바람과는 전혀 다른 소리입니다.

> **"바빌로니아 군대는 다시 와서 이 도성을 공격하여 점령하고 불질러 버릴 것이다." 렘37:8**

그렇지만 이들은 예언자가 전하는 하나님의 뜻에 관한 묵상이나 깊은 이해를 위한 명상은 하지 않습니다. 그냥 그때그때 생각나는 대로, 자기들의 욕망을 따라 살아가는 단세포 생물 같은 처신을 하니 말입니다. 이에 성서는 이렇게 말하고 있습니다.

> **"왕이나 그의 신하들이나 그 땅의 백성이나 할 것 없이 모두가 주님께서 예언자 예레미야를 보내셔서 전한 말씀에 순종하지 않았다." 렘37:2**

참 난감한 대목입니다.

성서는 외적의 침입에 직면해서 예언자에게 하나님의 뜻을 물어 달라고 하는 왕이나, 지도자를 포함한 모든 백성들이 하나님의 말씀에 순종하지 않고 있다고 말하고 있으니까요.

이 사람들은 오히려 예언자 예레미야를 잡아서 감옥에 가두고 있습니다. 이들의 집단지성은 왜곡되어 있고 이들의 인식 수준은 꾸준히 말씀하시는 하나님의 말씀을 올바르게 들어낼 듣기능력을 갖추고 있는 것으로 보이지 않습니다.

> **"그곳에는 지하 감옥이 있었는데 예레미야는 거기에 들어가서 오래도록 갇혀 있었다." 렘37:16**

시대정신에 충실하게 살아가는 사람들은 자신들이 발 딛고 살아가는 삶의 기반에 문제가 있다는 것을 눈치채기가 쉽지 않습니다. 왜냐하면 대대로 그렇게 살아오면서 자기들의 이익을 취하는 것이 당연하다고 사회적인 학습을 하기 때문입니다.

예수님의 예루살렘 성전 숙청에 관해서 한번 상상의 나래를 펼쳐보실까요?

예루살렘 성전의 이방인이 기도하는 기도의 뜰에 매대를 펼쳐놓고 장사하는 사람들 말입니다. 이 사람들은 그곳에서 얼마나 오랫동안 장사를 했을까요? 혹시 대를 이어서 그곳에서 장사를 하고 있는 건 아닐까요? 그렇다면 그 자리에서 현재 비둘기 장사하고 있는 이의 고조할아버지가 수십 년 동안 장사를 하면서 비정상적인 이윤을 취하고, 자신이 취한 이윤의 일부를 성전제사장들에게 주어 커넥션을 형성한 그 장사하는 구조를 증조할아버지에게 물려주고 그러한 수익 구조를 당연하게 받아들이며 수십 년을 장사한 증조할아버지는 자신의 아들인 할아버지에게 물려주고 할아버지는 아버지에게, 그리고 아버지는 현재의 아들에게 물려줍니다. 그렇다면 이 아들이 이방인이 기도하는 성전 뜰에서 매대를 펼쳐놓고 막대한 이윤을 취하는 이 사업이 잘못된 사업이라는 인식을 가지고 있을 가능성은 매우 낮을 겁니다.

그때 예수라고 하는 30대 청년이 나타나서 당신들은 강도라고, 불법으로 장사하고 있는 거라고 소리를 지르면서 매대를 뒤집어 엎어버립니다. 그러면 3~4대에 걸쳐서 그곳에서 안정적으로, 그리고 성전권력의 비호를 받으면서 합법적으로(?) 장사를 하던 현재의 비둘기 장사는 예수의 지적을 받아들이고 돌이켜 회개할까요? 스스로 돌이켜 '아, 내가 죄를 저질렀구나' 하고 자각하면서 그 막대한 이익을 포기하고 그 불법적인 수익 구조를 철수시키려 할까요? 글쎄요, 누구라도 몸에 배어 있는 생활 양식과 커다란 이익을 포기하면서 그 자리를 떠나기가 쉽지 않을 겁니다. 그런 상황에서 예수는 이 사람들을 향하여 강도라고 소리를 지르고 계시니 정말이지 험악한 상황이 될 수밖에 없습니다. 더욱이 예수는 이런 삶을 살아가는 구조 속에 있는 종교 지도자들을 향해서 이렇게 말씀하시고 계시거든요.

"율법학자들과 바리새파 사람들아! 위선자들아! 너희에게 화가 있다! 너희는 박하와 회향과 근채의 십일조는 드리면서, 정의와 자비와 신의와 같은 율법의 더 중요한 요소들은 버렸

다.” 마태23:23

예수께서 이렇게나 애를 끓이면서 이야기를 해도 결국 그들은 마음을 돌이키기보다는 예수를 죽이려고 날마다 수군거리고 있으니 혹여나 돌이킬까 하며 활동한 예수의 마음은 정말 답답했을 겁니다. 오래된 관행 앞에서의 진리는 진리에 대한 저항값만 올려놓는 역할을 할 뿐이니까요.

“그래서 바리새파 사람들은 밖으로 나가서 예수를 없앨 모의를 하였다.” 마태12:14

아마도 예루살렘 성전을 정화하시면서 답답함을 느꼈던 예수의 마음이 예레미야의 마음일 겁니다. 예레미야도 당시의 사람들이 하나님의 마음을 아프게 하는 엉터리 삶을 통렬하게 지적하고 있는 거니까요.

“오히려 그들은 내 이름을 찬양하려고 세운 성전 안에 자기들이 섬기는 역겨운 것들을 세워 놓아서 성전을 더럽혔다.” 렘32:34

이 사람들은 이런 식의 삶을 오래도록 살아왔습니다. 그리고 자기들이 만든 자의적인 잣대로 합법적이고 타당하다는 판단을 자기들에게 적용하며 스스로 만족하는 삶을 대대로 살아왔을 겁니다. 그러니 예언자의 이야기가 귀에 들어올 수가 없는 겁니다. 오히려 타당하고 합리적인 자신들의 신앙 양식이 틀렸다고 말하는 예레미야가 거추장스럽고 불편하게 느껴지는 겁니다. 망가진 시대정신에 사로잡혀 있는 것은 이렇게나 돌이킴을 어렵게 합니다.

성서를 읽어나간다는 것은 거울을 보는 작업이라 할 수 있습니다. 그렇더라도 성서를 읽어나가는 사람이 '거울아 거울아 이 세상에서 누가 제일 예쁘니' 하는 질문과 '주인님이 제일 이쁘지요'라는 대답을 기대하는 수준을 가지고서는 성서를 통한 자기 성찰은 불가능하겠지요. 주인의 마음에 들지 않는 대답을 하는 거울은 거울의 주인에 의해서 깨져버리게 마련입니다.

성서를 거울을 들여다보듯이 읽어나가는 사람은 성서를 통해서 자신의 삶을 냉정하게 인식하고 날마다 자기를 새롭게 만들어 나가는 꾸준한 노력을 이어갑니다. 거울을 본다는 것은 자신의 부족함을 찾아내고 나아가 그 부족함과 결함을 채우며 수정하는 작업에 임한다는 것을 의미하는 거니까요. 이러한 삶의 모범을 보여준 사람이 바로 바울입니다. 바울은 하나님의 말씀이라는 거울을 보면서 이런 고백을 합니다.

"나는 속사람으로는 하나님의 법을 즐거워 하나 내 지체에는 다른 법이 있어서 내 마음의 법과 맞서서 싸우며 내 지체에 있는 죄의 법에 나를 포로로 만드는 것을 봅니다. 아 나는 비참한 사람입니다. 누가 이 죽음의 몸에서 나를 건져 주겠습니

까?" 롬7:22-24

정말로 실존적인 고백을 하며 자신의 본래적인 모습을 놓고 아프게 고민하는 바울의 모습이 절절하게 다가오는 구절입니다.

예레미야 시절의 남쪽 유다 사람들은 하나님의 말씀을, 예언자의 이야기를 거울을 보듯이 받아들이는 모습을 보이지 않습니다. 그러니 그들이 일그러진 시대정신에서 헤어 나와 온전하신 하나님의 뜻을 받아들이는 본래적인 삶 속으로 진입하는 것은 불가능해 보입니다.

예언자는 감옥에 갇히고 백성들은 왜곡된 하나님의 말씀을 따라 살아가고, 본래적인 하나님의 말씀은 쓸쓸하게 허공을 떠돌아다니는 형국입니다.

기존의 질서 의심하기

"송아지를 두 조각으로 갈라놓고 그 사이로 지나가 내 앞에서 언약을 맺어 놓고서도, 그 언약의 조문을 지키지 않고 나의 언약을 위반한 그 사람들을 내가 이제 그 송아지와 같이 만들어 놓겠다." 예레미야34:17

사람들은 선악과를 따먹은 사건 이후로 진리를 거역하고자 하는 본성이 활성화된 채로 살아가나 봅니다. 글쎄요, 끊임없이 하나님에게 저항하면서 살아가는 것을 딴에는 '일탈'이라고 하며 당위성을 부여하고 일탈을 통해서 경험되는 쾌감이 너무 통쾌하고 좋아서 그러는 건가요? 집을 나가겠다며 자신의 유산을 달라고 자기 아버지에게 끈질기게 졸라대는 둘째 아들도 집을 나가서 살면서는 아버지에게서 벗어났다는 해방감에 취해서 통쾌한 카타르시스를 느꼈을지도 모를 일입니다. 그러고 보면 인간은 참으로 복잡한 존재입니다. 자신의 내면에서 떠오른 욕심어린 생각에 사로잡히기 시작하면 때로는 다른 이들에게 아픔을 주면서도 자신의 생각을 관철시키고야 마는 냉정한 존재이니까요. 여러 사람의 생명을 빼앗아가는 전쟁을 불사하면서도 자기가 하고 싶은 대로 밀어붙이는 모습을 지구별 여기저기에서, 그리고 역사의 페이지에 기록되어 있는 독재자들과 전쟁광들의 이야기를 통해서 어렵지 않게 확인할 수 있습니다. 그러니 누군가가 진실하게 살아가겠다고, 성실하게 직무를 수행하겠다고 아무리 열심히 이야기를 전해 온들, 역사 속에서 인간의 한계를 보고 말았으니 쉽게 그 말을 신뢰할 수 없는 이유가 여기에 있나 봅니다.

그러니 평범한 사람들은 욕심쟁이들이 망가뜨려 놓은 엉터리 삶의 자리에서 일말의 기대도 없이 살아가야 하는 지경을 경험하게 되는 거고요. 누군가의 욕망 때문에 인간의 삶을 위협하고 있는 폭력, 그리고 그로 인한 절망에 둘러싸인 삶 등을 통해서 희망이 없음에도 불구하고 살아가야 하는 부조리한 삶의 자리는 기세등등하게 우리들에게 주어지고 있습니다.

이렇게 우리는 이전으로부터 전승되는 부조리한 사회를 살아가고 있습니다. 사람들은 자기들의 창조적인 생각을 통해서 새롭게 다가오는 세계를 바라보면서 살아가는 것이 아니고 타인들에 의하여 전해지는 생각을 가지고 살아간다는 것이죠. 파란색을 파란색이라고 약속한 그 규칙을 따라서 살아가고 있을 뿐 파란색이라고 규정된 색의 개념과 경계를 벗어나는 창조적인 생각을 하지 못하면서 살아가고 있는 겁니다. 어떤 상황이나 사건에 대하여 이전의 사람들이 규정한 그 생각의 범주에서 빠져나와 새로운 관점으로 보아내고 읽어내는 삶을 살아가지 못한다는 것이죠. 이렇게 사람들이 일상을 낯설게 보아내거나 새롭게 보아내지 못하고 기존의 질서에 편입된 채로 무한 반복되는 지루한 일상을 살아가게 되는 이러한 상황을 하이데거라는 철학자는 '전락' 또는 '퇴락'이라고 말하고 있습니다.

그래서 신들이 인간들에게 형벌을 내릴 때에는 의미 없는 일상을 살아가게 하는 벌을 내렸답니다. 그 대표적인 예가 시지프스의 이야기입니다. 시지프스는 아폴로의 소를 훔치기도 하고 지옥의 신인 하데스를 속이고 지옥에서 빠져나오기도 하는 것 때문에 형벌을 받게 되는데요, 그것은 커다란 바위를 산으로 밀어 올리는 일이었습니다. 그러면 다시 바위는 아래로 굴러 떨어지고 그러면 시지프스는 다시 바위를 밀어 올리고 하는 일의 연속이었죠. 이런 과정을 통해서 신은 인간이 자신의 일이 '효용이 없고 희망할 수 없는 것'으로 이해되는 난감한 삶을 살아가게 함으로써 존재의 의미를 빼앗아가고 인간은 내일이 없는 삶을 살아가는 징벌을 받는 겁니다.

그런데 안타까운 것은 이런 삶이 신이 우리들에게 준 형벌인 줄을 모르는 채로 '의미 없는 삶'을, 또는 '비본래적인 삶'을 너무 열심히 살아가는 사람들이 있다는 것입니다. 사람들은 퇴락한 삶을 살아가는데 자기들의 삶이 신의 형벌로 인한 퇴락한 삶인 줄을 모른 채로 너무도 열심히, 성실하게 그 삶을 살아가고 있다는 것입니다.

예레미야는 안타깝고 속이 상합니다. 꾸준히 전하고 있는 하나님의 이야기가 퇴락한 삶을 살아가는 남쪽 유다 사람들에게 받아들여지지 않고 있으니 예언자의 마음에는 안타까움이 한가득 입니다.

“그러나 너희의 조상은 나의 말을 듣지도 않았으며 귀를 기울이지도 않았다.” 예레미야34:14b

예언자는 남쪽 유다 사람들이 자기들이 살아가는 삶의 양식에 대해서 비판적으로 성찰하고 수정, 보완하면서 살아갔으면 좋겠다는 생각을 하고 있습니다. 그러나 이들은 성찰의 가능성은커녕 귀를 기울일 생각조차 보여주지 않고 있으니 시드기야에게 하는 하나님의 말을 보면 이들을 향한 하나님의 생각은 정말 확고하기만 합니다.

“너도 그의 손에서 벗어나지 못하고 꼼짝없이 붙잡혀서 그의 손아귀에 들어갈 것이다.” 예레미야34:3

때로 사람들은 각자 자신의 의견이 정당하며 자신의 생각이 객관적인 생각이라는 자신감을 가지고 살아갑니다. 그렇지만 자신감을 가지고 살아가는 사람들 가운데는 자신의 유익과 이익을 중심으로 하는 자의적이고 주관적인 생각에 충실할 뿐, 모두에게 적용할 수 있는 객관적이고 누가 보아도 타당한 생각을 받아들이며 살아갈 여지를 쉽게 보여주지 않는 이들이 있습니다. 특히 종교적인 신념에 관한 고정관념을 가지고 있고 그 고정관념을 비판적으로 돌이켜볼 수 있는 능력이 없는 이들은 자신의 주관적인 견해를 지키기 위해서는 믿음을 지켜야 한다는 피켓을 내걸고 상대방을 아프게 하는 언행을 서슴지 않고 하기도 합니다. 마치 「백치 아다다」라는 소설에서 돈의 위협으로부터 자유롭기 위하여 돈을 바다에 던져버린 자신의 아내 아다다를 바닷가의 절벽아래로 밀어버리는 아다다의 남편 수룡이처럼 말이죠.

그러니 이것 참 난감한 일입니다.

「갈매기의 꿈」이라는 동화에는 '조나단'이라는 독특한 갈매기가 등장합니다. 그저 도둑갈매기처럼 이리저리 돌아다니면서 먹거리를 찾고 또는 빼앗고 그러는 삶을 살아가다가 문득 '다르게 살아가는 법은 없나?' 하는 생각에 이르게 되죠. 그리고는 '갈매기답게 나는 법'에 관한 본질적인 고민을 하게 됩니다. 수직으로 날아오르기, 수직으로 내리꽂히듯이 날아보기, 최고의 속도로 날아보기, 그러다가 '순간 이동'을 하는 경지에까지 이르게 되죠. 그리고 문득 눈을 들어보니 자신과 같은 '갈매기답게 나는 법'에 관한 고민을 하는 갈매기들이 살아가는 삶의 자리에 있음을 깨닫게 됩니다. 그리고는 그곳에서 나름 의미 있는 삶을 살아가게 되지만 어느 날 문득 고향에서 아직도 평생을 먹거리에 마음을 빼앗긴 채로 뺏고 빼앗기는 삶을 살아가는 동료 갈매기들을 생각해내고는 다시 고향 마을로 돌아옵니다. 그러나 조나단을 반기는 갈매기는 그리 많지 않았죠. '무슨 엉뚱한 소리야? 그럴 시간에 물고기나 한 마리 더 잡아먹지 그래?'라는 식의 비아냥거림은 갈매기 조나단을 속상하고 고통스럽게 합니다. 그럼에도 불구하고 갈매기 조나단을 통해서 자기 십자가를 지고 골고다로 올라가는 예수님을 떠올리기에 부족함이 없습니다. 그렇게 다른 갈매기들에게 기존의 삶이 아닌 또 다른 삶의 지평이 있다는 것을 말해주는 갈매기 조나단은 이리저리 막막한 시절을 살아가는 우리들에게 꾸준히 생각할 거리를 주고 있습니다.

그러니 자신의 생각이 타당하다는 평가를 받아내기 위해서는 개인의 꾸준한 성찰 작업이 선행되어야 하며 우리 사회의 보편타당한 가치는 무엇인지, 극복해야 할 가치는 무엇인지에 관한 합리적인 판단이 가능하도록 자신의 생각의 틀을 만들어 내야 할 겁니다. 그러면 당연하게 받아들이며 삶의 기준으로 삼았던 가치들을 뒤집어서 생각해 볼 수 있게 될 거구요, 어쩌면 젊은 시절에 가졌던 '푸릇푸릇' 싱싱한 생각들을 다 잊어버리고 높은 자리에 오르기 위해서 아등바등 살았던 자신의 삶이 새삼스럽게 돌이켜지기도 할 겁니다. 그렇게 꾸준히 생각의 지평을 넓혀나가다 보면 타당하다고 여겨졌던 시대정신의 문제가 인지되기도 할 거구요, 그러면 용기 있게 기존의 질서에 반항하며 젊은 시절에 꿈꾸었던 푸른색 아름다운 생각을 향하여 발걸음 할 수도 있을 겁니다. 뭐 이렇게 하는 반항이라면 매우 즐거운 반항이라는 생각입니다. 지루하고 의미 없는 일상에서 벗어나서 창조적으로 내가 나의 삶을 '나의 삶'이라 부르면서 살아가는 날이 펼쳐질 거니까요.

내 잔을 마실 수 있다고?

예수님께서 예루살렘으로 올라가고 계십니다. 앞으로 자신에게 일어날 일을 생각하면서 답답하고 난감한 마음을 달래면서 말이죠. 함께 길을 걸어가는 제자들은 이런 선생님의 마음을 아는지 모르는지 이리저리 눈동자를 굴리며 나름의 생각에 잠겨 있는 듯합니다. 그런 제자들을 바라보시면서 스승은 입을 엽니다.

"얘들아, 내가 예루살렘에 들어가면 매도 많이 맞고 채찍질도 당하고 그럴 거란다." 마태20:19

아뿔싸,

스승이 이렇게 곤고한 마음을 드러내고 있는데도 제자들은 스승의 말이 귀에 들어오지 않습니다. 이리저리 눈동자를 굴리는 제자들은 다른 생각에 몰두하고 있었던 겁니다.

"선생님이 나라를 일구시면 저는 오른쪽에 그리고 이 친구는 왼쪽에 앉게 해 주십시오." 마태20:21

그러고 보면 스승을 따라다니는 제자들은 결국 이 수준에서 한 발자국도 앞으로 나가지 못하는 신세입니다. 왜냐하면 질문의 속내를 너무도 잘 알고 있는 스승이 안타까운 마음으로 묻는 말을 잘도 받아내고 있기 때문입니다.

"'녀석들 뭔지도 모르면서 저런다지…' 너희는 내가 마시는 잔을 마실 수 있겠느냐?"

이렇게 묻는 스승의 질문에 제자들은 냉큼 '아이구 그럼요, 우리가 선생님의 발걸음을 이렇게 열심히 따라가고 있는데요, 선생님이 드시는 잔은 우리가 마셔야 할 잔입니다. 그렇고 말구요'라며 대답을 하고 맙니다.

밤새워 기도하고, 울면서 기도하고, 그리고 소리 높여 기도하지만 결국 오른쪽, 왼쪽 논쟁에서 꾸준히 머물러야 하는 것이 우리들의 본성인가 봅니다. 가지고 있는 것을 모두 선생님에게 드리는 것은 결국 더 많은 것을 손에 넣겠다는 속셈입니다. 이건 결국 맘몬을 향한 결단과 헌신일 뿐입니다. 왜냐하면 이렇게 오른쪽 왼쪽 타령을 하며 평생을 살아가는 이들을 바라보는 또 다른 이들의 시선이 그걸 말해주고 있기 때문입니다.

"열 제자가 이 말을 듣고 그 두 형제에게 분개하였다." 마태 20:24

어떠신가요?

우리는 이 정도 수준의 믿음길에서 조금도 앞으로 나가지 못한 채로 계급장을 쟁취하는 수준의 믿음의 길에서 성실하게, 있는 힘을 다해 순종하면서 발걸음을 하고 있는 거고요, 다른 사람이 나보다 먼저 좋아 보이고, 높아 보이는 계급장을 달기라도 하면 '거룩한 분노'라는 말로 위장한 채 화를 내기도 하고, 그렇게 하는 것이 진리의 길이라고 자신에게 말하면서 믿음길을 걷고 있는 지경은 아닌지요?

요나는 언덕 위에 앉아 있습니다. 이제껏 하나님이 하라는 대로 니느웨에 하나님의 이야기를 전했으니 망하는 니느웨를 구경하기 위함입니다. 습하고 더운 날씨 때문에 짜증이 올라오곤 하지만 그래도 박넝쿨이 만들어 주는 그늘에 위로를 받으면서 말이죠.

헐~~ 이게 웬일입니까?

니느웨가 무너지지를 않습니다. 하나님은 잔뜩 기대를 가지고 '스펙터클'하고 장엄한 불기둥과 천둥 번개를 기대하던 요나의 기대를 여지없이 무너뜨리고 말았습니다.

"하나님은… 나쁜 길에서 돌이키시는 것을 보시고 뜻을 돌이켜 그들에게 내리시겠다고 말씀하신 재앙을 내리지 않으셨다." 요나서3:10

결국 요나가 들어갔다가 나온 물고기 뱃속은, 그리고 거기에서 수

행한 요나의 기도는 성숙한 예언자 요나를 담보하지 못했나 봅니다. 요나가 물고기 뱃속에서 '그러나 나는 감사의 노래를 부르며 주님께 희생제물을 드리겠습니다. 서원한 것은 무엇이든지 지키겠습니다. 구원은 오직 주님에게서 옵니다' (요나서2:9) 라고 드린 기도는 자기 위로, 정신 승리 정도의 헛헛한 기도가 되어 허공으로 날아가 버린 결과가 된 거니까요.

그러고 보면 요나는 아기 같은 예언자입니다. 니느웨에 가서 '40일이 지나면 니느웨가 무너집니다.'라고 말하고 나서는 '하나님이 너희들을 망하게 할 거야' 하는 내심의 자기 생각을 하나님의 말씀이라고 의미 부여를 하며 망하는 도성을 구경하기 위해서 언덕 위에 자리를 잡고 앉아 있으니 말입니다.

결국 믿음의 길에서 그렇게도 자신만만하게 말했던 '남이 잘되도록 하며 살겠다'는 맹세는 허울 좋은 표어였다는 게 드러난 꼴입니다. 그동안 그런 표어를 열심히 되뇌었던 것은, 그리고 겸손과 온유를 결단하는 자신의 모습은 계급장을 달기 위한 당연한 과정이었고요, 때로 기회가 되면 명확하게 '나는 그를 알지 못하거든요.'라는 소리를 내질러버릴 준비를 하고 있는 채로 스승과 함께 돌아다니고 있습니다. 그러니 '제가 선생님하고 죽는 한이 있더라도 저는 절대로 선생님을 모른다고 하지 않을 거거든요'라고 말하는 것은 그냥 지금 내가 있는 현재의 자리에서 할 수 있는 최선입니다.

예레미야는 속이 상합니다. 하나님의 말씀을 따르다가 감옥에 갇혀 있다는 어려운 환경에서 힘들게 힘들게 바룩과 함께 하나님의 말씀을 기록했는데, 그리고 순수한 마음으로 말씀을 나누었는데 나라의 지도자들이라는 사람들이 하나님의 말씀을 찢어버리고 있기 때문입니다.

"그런데 여후디가 그 두루마리에서 서너칸을 읽어내려갈 때마다 왕은 읽은 부분을 서기관의 칼로 잘라내어 난로에 던져 넣었다. 이렇게 왕은 온 두루마리를 다 난로 불에 태워버렸다." 렘36;23

그러니 예레미야의 마음도 찢어집니다. 그러나 어쩌겠습니까? 대중들이 듣고 싶은 말을 말하지 않은 예레미야 탓입니다. 듣고 싶은 말이 아닌 들어야만 하는 말을 전하는 예언자의 운명인 거죠. 그렇지만 예레미야는 주님의 잔을 받아 마실 수 있다고 호들갑을 떨면서도 오른쪽 왼쪽 타령을 하고 있는 예수님의 제자들이나, 자기 마음대로 하나님의 뜻을 상상하면서 언덕 위에 앉아 있는 요나하고는 다른 발걸음을 보이고 있습니다. 예레미야는 자기가 전하는 '말씀 두루마리'를 불태워 버린다 해도 흔들리기보다는 튼튼히 뿌리를 내리고 서서 하나님의 말씀을 전하는 예언자의 모습을 보여주고 있으니까요.

"저는 목자가 되지 않으려고 도망을 가거나 주님 섬기기를 피하려고 하지 않았습니다." 예레미야17:16

예레미야는 자기 이야기를 듣는 회중들이 자신의 이야기를 불태워 버린다고 해서 원망하거나 낙심하는 정도의 어린아이의 수준을 훌쩍 넘어서서, 오른쪽 왼쪽은커녕 눈앞에 보이는 감옥행을 보고 있으면서도 자신이 걸어가야 할 길을 자신의 힘에 맞게 성실하게 걸어가고 있습니다.

뚜벅뚜벅 걸어갑니다

시드기야가 임금으로 있는 남쪽 유다는 결국 바빌로니아에 의하여 멸망을 당하고 맙니다. 그리도 절절한 마음으로 돌이켜야 한다는 예레미야의 이야기를 민족주의라는 허울만 남아 있는 이념의 방패로 받아쳐 버린 채 자기 고집에 기반한 남쪽 유다는 결국 비참한 최후를 맞이하고 만 것이죠. 시드기야 임금은 자신의 앞에서 자식들이 죽어가는 모습을 보아야 하는 참담한 상황을 경험해야 했고 자신도 두 눈을 잃고 쇠사슬에 꽁꽁 묶이는 비참한 신세가 되고 만 것입니다.

"바빌로니아의 왕은 리블라에서 시드기야의 아들들을 시드기야가 보는 앞에서 처형하였다. 그리고 왕은 시드기야의 두 눈을 뺀 다음에 바빌론으로 끌고 가려고 그를 쇠사슬로 묶었다." 렘39:6-7절

돌이켜 보면 예레미야는 예언자로서 가슴이 터지는 것 같은 안타까움을 가지고 하나님의 말씀을 전했습니다. 그렇지만 시대정신에 충실한 대중들은 예언자의 이야기를 쉽게 흘려버리곤 했죠.

"제발 여러분들의 사악한 발걸음을 돌리세요. 그러지 않으면 하나님이 여러분들에게 재앙을 내리실 거예요. 그러니 제발 그 사악한 발걸음을 멈추고 여러분의 악한 행실과 행동을 고쳐 내시라구요…"

"이런 정신 나간 놈이 있나? 미친 놈이구나, 우리가 뭘 그리 잘못 살아간다고 때만 되면 헛소리를 지껄이는 거야? 우리는 우리가 살아가고 싶은 대로 살아갈 거야, 그렇게 살아도 지금까지 아무 문제없이 잘만 살아왔거든, 그러니 듣기 싫은 소리 좀 그만하라구, 안 그러면 확 죽여 버릴 테니까…" 렘18:11-12, 18 참조

예언자가 민족의 앞날을 걱정하면서 바르게 살아가라는 하나님의 뜻을 전했지만, 남쪽 유다 사람들은 자신들이 살아가는 악한 삶을 돌이킬 생각을 하지 않습니다. 오히려 이 사람들은 자기들의 악한 생각을 따라 살아가겠다며 공공연하게 악다구니를 질러대고 있으니 이것 참 답답한 노릇입니다. 이런 상황은 북쪽 이스라엘에서도 마찬가지로 벌어지는 일입니다. 호세아는 당시의 제사장들에게 직관적으로, 그리고 냉정한 마음으로 이야기하고 있습니다.

"아니, 어떻게 성직자들이 많아지는데 세상에는 죄의 양이 더 많아지나요? 하나님의 이야기를 전하는 사람들이 날마다 늘

어나는데 그런 활동에 비례해서 죄도 많아지니 제사장들이 부끄러움을 당할 거예요. 왜 그런지 아세요? 성직자들인 당신들은 백성들이 죄를 많이 짓고 그 대가로 제물을 많이 가지고 오기를 바라는 거잖아요?" 호4:7-8 참조

그렇지만 이런 소리를 듣고 자기의 삶을 돌이키면 시대정신에 충실한 사람들이 아니죠. 시대정신에 충실한 믿음 좋은 사람들, 그래서 밤새 목을 놓아 기도하며, 엉엉 울며 하나님의 은혜가 한이 없다며, 정신 나간 사람들처럼 기도하며 '자기 의'를 차곡차곡 쌓아가는 사람들은 듣도 보도 못한 예언자라는 사람이 나타나서 아무리 하나님의 뜻이라면서 이야기를 한들 그 말을 듣고 돌이킬 일이 없습니다.

사람들이 예언자의 말을 듣고도 돌이키지 못하게 하는 원인은 무엇일까요? 아마도 남유다 상황에서의 원인은 오래도록 조상들에게서 물려받은 믿음일 겁니다. '전통적인 믿음이 예언자의 말을 듣지 못하게 하는 원인이라니?' 하고 되물으실 수 있겠는데요, 여기서 문제가 되는 것은 text와 context 사이의 상관관계를 염두에 두고 꾸준히 의심하며 질문하는 능력이 없이 무비판적으로 수용하고 이어가는 전통적인 믿음을 의심해봐야 한다고 할 수 있습니다.

이러한 상황에 대하여 호세아 선지자는 "깨닫지 못하는 백성은 망한다"(호4:14)라고 일갈을 하고 있습니다. 삶의 방향이 틀어져 있음에도 불구하고 자기들은 열심히 살아가고 있다고 확신하며 살아간다는 겁니다. 고집 센 암송아지처럼 말을 듣지 않는 상황에서는 하나님도 이 상황을 수습하기가 어렵다는 것이죠.(호4:16)

믿음의 여정을 걸어간다는 것, 예수님을 본받아 그 뒤를 따라서 걸어간다는 것은 우리들에게 제공되는 신념과 가치가 타당한지를 끊임없이 의심하고 보다 나은 하나님의 뜻을 탐색하는 작업에 임한다는 것입니다.

우리는 성서를 읽어나가는 중에 유대의 가치와 이방의 가치가 충돌하고 있는 장면을 어렵지 않게 찾아볼 수 있습니다. 그것은 바울이 이방인에게 복음을 전하는 장면에서 잘 나타나고 있죠. 전통적으로 유대인들은 할례를 선민의 징표로 매우 소중하게 생각하고 있었습니다. 그런데 이방인 선교를 수행하고 있는 바울이 이방인들에게 할례를 받지 않아도 된다는 소리를 공공연하게 하고 다닌다는 소식이 들려옵니다.

"할례를 받거나 안 받는 것이 중요한 것이 아닙니다. 새롭게 창조되는 것이 중요합니다." 갈6:15

바울의 이러한 발언은 유대인들이 생각의 지평을 확장하도록 하는 제안이고 선언입니다. 기존의 생각을 넘어서서 새로운 시대에 맞는 확장된 인식을 받아들이라는 촉구이기도 한 셈이죠. 그러나 이러한 제안을 하는 바울은 유대인들의 의식 속에 할례에 관한 기존의 인식이 강고하게 자리를 잡고 있다는 것을 잘 알고 있으니 바울의 이러한 제안은 엄청난 고난을 각오하는 복음전도자의 결기로 이해되는 장면입니다. 실제로 바울은 이러 저러한 상황 때문에 심한 공격을 받기도 하였으니까요.

> **"나는 수고도 더 많이 하고, 감옥살이도 더 많이 하고 매도 더 많이 맞고 여러 번 죽을 뻔하였습니다. 유대 사람에게서 마흔에서 하나를 뺀 매를 맞은 것이 다섯 번이요, 채찍으로 맞은 것이 한 번이요…"** 고후11:23-25

나라가 망할 줄도 모르고 과거의 신념에 성실하고 충실하게 기반한 남쪽 유다 사람들은 예레미야를 '감옥에 가둔다'고 협박을 하며 고단한 상황으로 몰아갔습니다. 이 사람들은 예언자를 그렇게나 힘든 상황으로 몰아가는 것이 자기들의 이익에 크게 도움이 될 것이라는 속내를 가지고 있으면서도 표면적으로는 하나님의 뜻 운운했을 겁니다. 그렇지만 이 사람들은 자기들의 삶을 비평적으로 성찰하는 일을 게을리하는, 그저 시대가 제공하는 정신을 온전히 받아들이면서 익숙한 삶에 꾸준히 안주하며, 자기 이익을 취하려는 의도를 가지고 있는 사람 이외에 아무런 의미를 찾을 수 없는 사람들입니다. 이렇게 자기 생각에 매몰되어 있는 사람은 아무리 좋은 이야기를 들려준다고 해도 그 이야기를 타당하게 들어내지 못합니다. 이렇게 자기 안에 '고정관념'을 가지고 있는 사람들은 때로 '과도한 일반화의 오류'를 범하기도 하는 삶을 살아갈 겁니다. 결국 자기들의 삶을 의심하고 성찰하지 않는 그들의 안이한 생각이 나라를 파국으로 몰아간 거니까요.

믿음의 여정을 걸어가는 일은 진리가 무엇인가 하고 꾸준히 질문하는 '진리 탐색 작업'을 의미합니다. 그러므로 이 작업을 잘 해내려면 열려 있는 마음을 가지고 작업에 임하는 것이 중요합니다. 진리를 탐구하는 사람이 어제의 진리가 내일에도 유효할 것이라는 손쉬운 생각을 가지고 있어서는 새롭게 주어지는 창조적인 시대정신을 흥미롭게 받아들이기는 어렵습니다. 그렇지만 열려 있는 마음을 가지고 있는 사람은 자신이 경험하지 못한 다른 사람의 경험을 유연하게 수용할 겁니다. 그렇게 해서, 보다 타당한 그림을 그리려고 애를 쓸 거구요.

또한 진리 탐구의 과정에서 새로운 이야기가 찾아지면 어제의 이야기는 과감하게 버릴 수 있는 용기도 필요할 겁니다. 이 용기를 가지고 있지 않다면 안디옥에서 이방인들과 밥을 먹다가 야보고가 보낸 사람이 식당에 들이닥치자 서둘러 자리를 떠나는 위선적인 베드로의 모습(갈2:11-14)을 면하기가 어려울 거니까요. 베드로는 부정한 보자기가 하늘에서 내려오는 환상을 통해서 이방인에 관한 긍정적인 하나님의 신호를 경험한 사람임에도 불구하고 과거의 전통 때문에 도망질을 하고 있으니 과거의 생각이 우리를 틀어쥐고 있는 힘은 만만하지 않습니다. 그러니 그 힘에서 벗어나려면, 우리를 잡아당기고 있는 중력의 힘을 거스를 수 있는 용기를 확보하는 것이 중요합니다.

그리스도인이 확보하는 열린 마음과 용기는 어제는 볼 수 없었던 아름다운 그림을 완성시키는 동력입니다.

이렇게 진리의 길을 걸어간다는 것은 때로 다수가 걸어가는 넓은 길을 과감하게 포기하고, 또는 기존의 질서를 비평적으로, 섬세하게 성찰하면서 보다 나은 길을 모색하는 외롭고 지루한 길을 걸어가는 일입니다. 마치 바리새인들과 성전 제사장들이 자기 먹거리를 위하여 이전투구를 벌일 때 곁눈질하지 않고 뚜벅뚜벅 '십자가의 길'을 걸어가는 예수님처럼 말이죠.

현재를 의심해 봐야 할까 봐요

예레미야는 바빌로니아 군대에 의하여 체포되어서 끌려가고 있습니다.(렘40:1) 석방된 예레미야가 무슨 이유 때문에 다시 포로가 되어서 끌려가고 있는지는 알 수 없지만, 아마도 상부의 명령을 전달받지 못한 하급관리들의 몰이해 때문에 다시 붙잡혔을 수도 있었겠습니다. 그러나 바빌로니아의 근위대장인 느부사라단의 상황 파악으로 인해 예레미야는 수갑을 벗게 되었고요, 바빌로니아로 갈 것인지, 아니면 유대 땅에 남을 것인지를 선택할 수 있는 상황에 놓이게 됩니다. 그리고 예레미야는 미스바로 가서 그 땅에 남아 있는 동족들과 함께 살아가기로 결정을 합니다.

이렇게 남쪽 유다는 바빌로니아에 의하여 멸망하게 되고 많은 백성들이 포로로 잡혀가는 수치를 경험하게 됩니다. 그렇지만 이러한 어려운 상황을 경험하면서도 이스라엘은 자기들의 성찰과 돌이킴에 관하여 게으른 모습을 보이고 있습니다. 이런 유대인들의 한가한 게으름은 과거에 선언되었던 하나님의 말씀에 기반하고 있는 겁니다. 다윗 시절의 예언자인 나단은 다윗왕조를 향하여 이런 선언을 하였습니다.

"나는 네가 어디로 가든지, 언제나 너와 함께 있어서 네 모든 원수를 네 앞에서 물리쳐 주었다. 나는 이제 네 이름을 세상에서 위대한 사람들의 이름과 같이 빛나게 해 주겠다." 삼하7:9

그리고 유대인들이 꾸준히 기억하고 전통적으로 굳게 믿고 있는 이야기는 성막을 통한 하나님의 임재 경험이었죠.

"모세가 장막에 들어서면 구름기둥이 내려와서 장막 어귀에 서고 주님께서 모세와 말씀하신다." 출33:9

이러한 과거의 기억에 기반한 유대인들의 신앙 전통은 무슨 일이 있어도 하나님은 자기들의 민족을 지켜주실 것이라는 하나님에 대한 일방적인 신뢰를 가능하게 했습니다. 그렇지만 이러한 신앙에 근거한 유대인들은 자기들의 손으로 자기들의 삶의 자리를 차곡차곡 무너뜨리고 있다는 사실을 깨닫지 못하고 있습니다. 그들은 끊임없는 불법을 저지르면서도 하나님에게 기도했고 자기들의 삶에 정당성을 부여해주는 하나님이 참 하나님이라는 자기 착각에 빠져서 살아가고 있기 때문입니다. 그렇지만 이미 예레미야가 활동하던 시대의 유대인들은 하나님의 뜻에서 멀찍하니 떨어져 있는 채로, 입술로만 하나님을 부르는 껍데기 신앙을 가지고 살아가고 있었던 겁니다. 그리고 예레미야는 이미 이러한 상황을 눈치채고 끊임없이 돌아오기를 촉구하고 있었던 거구요.

"내가 유다 백성에게 내리기로 작정한 모든 재앙을 그들이 듣고 혹시 저마다 자신의 악한 길에서 돌아선다면 나도 그들의 허물과 죄를 용서하여 주겠소" 렘36:3

그렇지만 이런 예언자의 이야기를 듣고서 돌이키는 일은 일어나지 않습니다. 자기 생각에 푹 젖어 있어서 다른 소리를 들어낼 여지를 가지고 있지 않은 사람들은 일그러진 시대정신을 그대로 받아들이고 그 시대정신에 자기들의 욕망을 충분히 투사시킨 채로 살아가고 있는 거니까요.

바울은 이러한 상황에 대하여 한마디 하고 있습니다.

"겉으로는 경건하게 보이나 경건함의 능력은 부인할 것입니다." 딤후3:5

길거리에서 듣기 좋은 기도를 하고 경건한 옷차림을 하고 아래턱을 높이 들어 올린 채로 거리를 활보하며 살아가는 이들의 속내를 읽고 있는 예수님도 한마디 하셨죠.

"그러므로 율법학자들과 바리새인들이 하는 말은 무엇이든지 다 행하고 지켜라. 그러나 그들의 행실은 따르지 말아라." 마태23:3

밤을 새워가면서, 악다구니를 써가면서 열정어린 기도를 하긴 하는데 아는 것은 별로 없는 '지성이 없는 일방적인 영성의 추구'는 종교지도자들의 언행의 불일치를 가져오고 그러한 지도자들의 이야기를 들으며 믿음길을 걸어가는 백성들은 지도자의 리모트컨트롤에 의해 움직이는 '인형 그리스도인' 이외에 별다른 선택지가 없을 겁니다. 그리고 그런 여정을 통해서 몸집을 키우고 다수 세력이 된 종교가 벌이는 일들은 성전 권력과 자본의 결탁으로 나타나서 막대한 이익을 독점하는 이상한 구조를 가능하게 했구요. 예수님은 그러한 상황이 한눈에 읽혔기에 속상해하시는 겁니다.

"예수께서 성전에 들어가셔서 장사하는 사람들을 내쫓으시며… 내 집은 기도하는 집이 될 것이다 하였다. 그런데 너희는 그것을 강도의 소굴로 만들어버렸다." 누가19:45-46

이렇게 본래적인 성전을 회복하고 참된 믿음의 길을 걸어야 한다고 이야기하는 예수에 대한 성전 권력의 반응은 '대제사장들과 율법학자들과 백성의 우두머리들이 예수를 없애버리려고 모의하고 있었다'는 것이었습니다. 그러고 보면 참 집요한 사람들입니다. 그들은 진리를 앞세워 예수를 제거하려 할 뿐 성전권력이라는 권부의 중심에서 오래도록 살아온 이들은 자기들이 누리고 있는 그 맛난 권력의 열매를 포기할 생각이 없는 거거든요.

그러니 예레미야가 남쪽 유다는 바빌로니아에게 망할 것이라고 이야기하는 맥락이 이해될 수 있습니다. 지난 시간의 남쪽 유다의 신앙 전통은 면면히 후대들에게로 이어져 흐르면서 상층부에 있는 이들은 자기들이 짊어져야 할 십자가는 타인에게 떠넘기고 있는 채로 자신은 입술로만 살아가는 언행 불일치의 믿음길을 걸어가고 있고요, 몇 세대에 걸쳐서 전해지는 이러한 신앙 습관은 간단하게 극복되지 못하는 관습이 되어 당연한 삶의 양식으로 자리를 잡았다고 보는 것이 예언자의 시대 이해입니다.

그러니 이렇게 면면히 흐르는 왜곡된 신앙 전통이 한순간에 방향을 틀어서 진리를 따라가기 위해서 자기의 몸에 고난을 채우는 쪽으로 나가기는 힘들 거고요. 그러니 예언자는 그 전통의 관성을 당장 멈추기 어려우니 바빌로니아에 포로로 잡혀가서 남유다 내면에 활성화되어 있는 왜곡된 진리의 관성을 멈추게 하고, 하나님에 의해서 그려지는 새로운 포맷format을 저항 없이 받아들일 수 있는 시대를 희망하자고 하는 겁니다.

교회를 개인의 소유로 생각해서 주고받으며, 성직 매매도 하나님의 뜻으로 치부해버리는 오늘의 교회의 행태는 정당한가 하는 질문이 이미 오래전부터, 성서 속에서 질문되고 있었다는 것이 놀랍습니다. 그리고 소수의 예언자들이 끊임없이 문제를 제기하고 있음에도 불구하고 다수를 점한 채로 권력의 중심에서 안락한 생활을 누리는 이들은 이러한 질문에 '지식이 없는 열정'이라는 폭력으로 대응하는 역사적 순환을 우리들에게 보여주고 있습니다.

그러니 십자가에 달리신 예수, '아버지 저들을 용서하여 주십시오. 저들은 자기들이 하는 일이 무슨 일인지를 모르고 있습니다.' 라고 기도하는 예수 신앙은 형식만 남아 있는 채로 경건의 능력을 상실한 신앙 형식만이 전수되고 있는 겁니다. "그들은 지기 힘든 무거운 짐을 묶어서 남의 어깨에 지우지만 자기들은 그 짐을 나르는 데 손가락 하나도 까딱하려고 하지 않는다." (마태23:4)라는 예수님의 말씀대로 자기 십자가를 짊어지기는 싫어하면서 부활의 화려함만을 기대하는 자기만의 일방적인 신앙은 예수님의 십자가 신앙을 화석화시키는 부작용을 낳게 하고 말았습니다.

그래도 다행인 것은요,

인간은 '의심과 확신의 체계'라는 생존 방식을 가지고 살아가는 존재라는 점입니다. 우리가 신앙 생활에 발을 들여놓고 수행하는 신앙 생활은 진리 탐구의 작업 여정인데요, 이 작업 여정에서는 주관적인 신앙 경험을 하게 됩니다. 그리고 이 주관적 경험을 꾸준히 의심하고 관찰하면서 모두와 함께 공유할 수 있는 보편타당한 신념 체계로 만들어나가는 능력이 인간에게는 주어졌다는 것입니다.

예수님의 제자들은 겟세마네 동산에서 예수를 버리고 도망을 갔습니다. 베드로도 대제사장의 집 안뜰에서 자신의 스승을 저주하며 모른다고 열정적으로 부인했으니까요. 그래도 이들은 오순절 성령의 임재를 경험하면서 자기들의 경험을 의심하고 타자와 공유할 수 있는 보편적 경험으로 다듬어나가는 모습을 보입니다. 자칫 화석화되어갈 수도 있는 신앙을 경건의 능력을 담보하는 신앙으로 만들어 나가는 제자들의 노력이 돋보이는 대목입니다.

그러니 그리스도교 신앙에 기초해서 살아가는 그리스도인들은 끊임없는 학습에 자기를 노출시켜야 하겠습니다. 이러한 꾸준한 작업은 이성과 실천이라는 두 줄기를 조화롭게 소화하도록 만들어 줄 거고요. 그러한 작업에 성실함을 보이는 그리스도인들은 흔들림이 없는 굳건한 신앙인으로서, 세미하게 말씀하시는 하나님의 음성을 들어내고, 살아낼 것이기 때문입니다.

바빌로니아에 포로로 잡혀가는 남쪽 유대인들은 바빌론 포로 기간 동안 세미하게 말씀하시는 하나님의 음성을 듣는 새로운 경험의 기반을 가지고 70년 후에 돌아와서는 다시금 예루살렘 성전을 세우면서 부흥revival의 역사를 써나가게 되겠지요.

창발성을 위하여

남쪽 유다는 자신들이 저지른 죄의 대가로 인하여 바빌로니아에 의해 멸망하고 말았습니다. 그리도 안타깝게 호소하고 권면하는 예언자의 말은 듣지 않은 채 자기들의 고집을 따라 살아가겠다고 우기더니 이거 정말 나라의 꼴이 난감하게 된 겁니다. 그렇지만 나라가 망하고 많은 동족들이 바빌로니아에 포로로 잡혀간 상황에서도 이 사람들은 자기들이 살아가는 삶의 방향에 관하여 고민하지 않습니다. 오히려 그들은 자기들이 만난 재난을 통해서 문제의 원인을 찾으려고 하기보다는 서로 죽고 죽이면서 자기들의 뜻과 고집으로 살아가려는 의도를 숨기지 않고 있습니다.

"느다니야의 아들 이스마엘이 자기와 같이 있는 부하들과 함께 그들을 살해하여 물웅덩이 속에 던져 넣었다." 렘41:7

이쯤 되면 나사로를 품에 안고 있는 아브라함과 부자의 대화가 생각이 납니다.

"나사로가 가서 그들에게 경고하여 그들은 고통 받는 이곳에 오지 않게 하여 주십시오."
"그들이 모세와 예언자의 말을 듣지 않는다면 죽은 사람들 가운데서 누가 살아난다고 해도 그들은 믿지 않을 것이다." 누가16:28, 31

그렇습니다.

어차피 무너져 내리려니 철저하게 망가지는 거죠. 덜 망가진 것은 고쳐서 사용하기도 애매하고, 버리자니 아깝고 그러니 완전히 망가져야 미련 없이 포기하고 새로운 상황을 만들어 낼 생각을 할 겁니다. 그러니 하나님은 자체 정화 능력이 없는 남 유다를 바빌로니아에 의하여 무너지게 하시는 겁니다.

무너져 내린 남쪽 유다의 이스마엘은 바빌로니아의 왕이 세운 총독인 그달리야를 죽이고 맙니다.(렘41장) 유대인들은 전통적으로 자기들의 의식 속에서 면면히 흐르는 선민의식에 굳건히 기반하고 있으니 신의 선택을 받은 유대민족이 다른 민족에게 점령을 당하고 포로로 잡혀가고 하는 상황이 낯설었을 법도 합니다. 그러니 적극적으로 저항하며 다부지게 대들어 싸우면 하나님이 민족을 회복시켜 주실 것이라는 나름 당당한 민족주의에 기반한 삶을 살아가고 있는 겁니다. 그렇지만 이 사람들은 자기들의 민족주의를 가능하게 하는 선민의식이 과거에나 유효했던 껍데기만 남은 죽은 신념이라는 것을 깨닫지 못하고 있습니다.

인간을 호모 카테고리쿠스homo categoricus라고 부르기도 한답니다. 인간은 본능적으로 범주화를 하면서 살아간다는 말입니다. 인종으로 나누고, 지역으로 나누고, 출신학교로 나누고, 색깔별로 나누고 하는 식으로 말이죠. 이렇게 열심히 그리고 대대손손이 범주화에 익숙한 의식을 따라서 살아가다가 보면 그렇게 나누어서 만들어진 범주는 고정관념stereotype으로 우리들의 의식 속에 자리를 잡게 됩니다. 그런데 이렇게 만들어지는 고정관념이 자기중심적 이해와 해석을 통해서 만들어진다는 것이 문제입니다.

태어나서 말을 배우며 성장하는 아이가 부모에게 묻습니다.

"아빠, 우리 조상은 누구예요?"

"응, 아브라함이란다. 우리는 하나님을 섬겨, 그래서 우리는 하나님이 특별히 사랑하는 민족인 거고."

"네 그렇군요. 그럼 저 사람들은 누구예요?"

"응, 저 사람들은 우리의 동쪽 나라에 사는 사람들인데 이방인들이야, 저 사람들은 하나님을 안 섬겨."

"네, 그렇군요, 그럼 또 저 사람들은 누구예요?"

"응, 저 사람들은 우리나라의 남쪽에 있는 나라에 사는 사람들인데 저 사람들도 하나님을 안 믿어. 그래서 저 사람들도 이방인이야. 그 사람들은 할례도 안 받아."

이렇게 부모에게 그리고 자기가 살아가는 사회의 구조가 제공하는 환경과 교육을 꾸준히 경험하며 자라나는 아이는 그렇게 경험하는 내용들을 자신의 내면에서 변별하고, 범주화시키며 내가 속한 나라에 사는 사람들은 신에게 선택받은 선민이고 그 선민이 누리는 특혜는 무엇이며, 자신의 나라에 속하지 않은 이웃나라 사람들은 이방인이고 이방인은 선민에 비해서 어떤 부분이 열등한지를 숙지하면서 그 내용을 차곡차곡 자신의 내면에 축적하게 됩니다. 그리고 그것은 고정관념이 되는 거고요.

물론 고정관념을 가지고 살아가는 것이 항상 틀린 것은 아닙니다. 남성은 남자 화장실을 사용하고 여성은 여자 화장실을 사용하는 것이 일상인 곳에서는 그것이 당연한 것처럼 말이죠. 그런데 문제는 이 일상이 적용되지 않는 환경을 만났을 때입니다. 남성과 여성이 화장실을 같이 사용하는 환경 말입니다.

이런 상황에서 고정관념은 가끔 오작동을 하기도 하는데요, 그것은 '인지적 절약자'cognitive miser라는 것으로 나타나기도 한답니다. 자신이 경험한 일상적인 환경이 아닌 새로운 환경을 만났을 때에는 새로운 환경을 이해하기 위하여 에너지를 사용하기보다는 기존의 이해 방식으로 상황을 접수하려고 한다는 것입니다. 남녀가 화장실을 공용으로 사용하는 환경에서 왜 그런 상황이 만들어졌는지를 이해하려면 그러한 질서의 배경을 학습해야 하고 두루 살펴보아야 하니 이것이 귀찮고 힘든 거지요. 그러니 기존의 이해방식을 가동시켜서 남녀 화장실을 분리시켜 살았던 기존의 관점을 적용하려 하는 겁니다.

지금 바빌로니아에 의해 나라가 망한 상황에서 유대인들이 보이고 있는 행태는 바로 성찰이 없는, 고정관념을 따라 살아가는 모습입니다. 이들은 나라가 망한 지점에서 주어진 상황을 바르게 이해하기 위하여 자기들의 인식 구조를 분해해 살펴보고, 보다 정확한 상황 파악을 위한 촘촘한 분석의 틀을 작동시키지 않고 있습니다. 오늘의 상황이 왜 자기들에게 주어졌는지를 비판적으로 성찰하고 보다 나은 대안을 만들어 내면 좋을 텐데요, 그렇게 하기보다는 과거의 잣대로 오늘을 재단하는 이상한 몸짓을 하고 있는데 정작 자신들은 뭐가 문제인지를 전혀 깨닫지 못하는 지경입니다.

창발성emergence이라는 말이 있습니다. 이건 하위 요소에는 없는 어떤 특성이나 성질이 하위 요소가 만들어 내는 전체 구조(상위 구조)에서 자연스럽게 나타나는 현상을 말하는 개념입니다. 창발성을 설명할 때 많이 사용하는 예가 개미입니다. 개미 한 마리는 아프리카 초원에 높이 솟은 커다란 기둥 같은 집을 지을 수 없지만 수만 마리의 개미가 집단을 이루어 상호작용을 하는 상위 구조를 이루면 거대한 개미집을 지어내는 작업이 가능해지는 상황을 일컫는 말입니다.

유대인으로 태어난 아이가 꾸준히 경험하여 내면에 축적된 이방인에 관한 고정관념을 극복하고 이방문화를 이해하려고 노력하며 열린 마음으로 이방인과 함께 살아가는 노력을 보일 때 나타나는 창발성은 무엇일까요? 그렇게도 할례 문제를 가지고 갈등하던 유대

문화와 할례와는 상관없이 발전해온 이방 문화는 예루살렘 회의에서 이 문제를 멋지게 정리해 냅니다.

"그래서 기둥으로 인정받은 야고보와 게바와 요한은 하나님이 나에게 주신 은혜를 인정하고 나와 바나바에게 오른손을 내밀어서 친교의 악수를 하였습니다. 그렇게 하여 우리는 이방 사람에게로 가고 그들은 할례받은 사람에게로 가기로 하였습니다." 갈2:9

이제는 곁눈질로 서로를 훑어보며 자기를 주장하기보다는 서로를 인정하고, 너무 달라서 하나가 될 수 없다면 너는 너인 채로 나는 나인 채로 함께 살아갈 수 있는 삶의 자리가 마련된 겁니다. 나는 할례받은 유대인이라는 자기 정체성에 굳게 기반한 채로 이방인을 바라보는 시선으로는 합의에 이를 수 없는 멋진 일이 바울이라는 폭넓은 이해가 가능한 가능태가 나타남으로 창발적 가치가 만들어졌다고 하면 지나친 표현일까요?

죽은 나사로가 살아나서 진리에 관한 신박한 이야기를 해도 고정관념의 아들과 딸로 살아가는 사람들은 그 이야기를 들어내지 못합니다. 그러니 하나님은 바빌로니아를 통해서 남쪽 유다에 활발하게 활성화되어 있는 고정관념의 관성을 죽이고 기존의 관성에 영향을 받지 않는 새로운 세대를 통한 창발성을 기대하시는 걸 겁니다. 오늘날에도 여전히요~~

자기박탈 경험하기

"우리가 예언자님을 주 우리 하나님께 보내는 것은 그분의 응답이 좋든지 나쁘든지 간에 우리가 그 말씀에 순종하려 하기 때문입니다. 주 우리 하나님의 말씀에 순종하면 우리가 복을 받을 것입니다."렘42:6절

남쪽 유다 사람들은 예레미야에게 자기들을 위하여 하나님에게 기도해달라는 요청을 하고 있습니다. 이들은 예레미야에게 기도를 요청하면서 기도에 응답하시는 하나님의 뜻을 따라서 자기들의 삶의 방식을 결정하겠다는 약속도 잊지 않습니다. 그렇지만 이 사람들의 속내는 예레미야에게 여실히 읽히고 있습니다. 남쪽 유다 사람들은 자기들의 삶의 방식을 지지해주는 신을 요청하고 있습니다. 이 사람들이 바라는 하나님은 절대적인 진리로 다가오거나 자신들의 삶의 방향을 이끌어주는 능동태로 받아들여지는 존재가 아닙니다. 그저 하나님을 자기들의 삶을 지지해주는 기계적인 신으로 도구화하고 있을 뿐, 여차하면 자기들의 뜻대로 움직이지 않는 신의 고장난 부속을 갈아 끼울 태세를 갖추고 있는 거죠.

예레미야는 이들의 요청에 일단은 알았다고 대답을 합니다. 그렇지만 지난 시간들을 통해서 남쪽 유대인들이 보여준 모습은 하나님의 이야기를 있는 그대로 받아들이고 자기들의 삶의 방향을 수정하거나 새롭게 할 것이라는 믿음을 갖게 하지 않습니다. 그래도 저렇게나 열심히 '좋든지 나쁘든지 하나님의 뜻을 따르겠다'며 기도를 요청하니 예언자는 일단 하나님에게 여쭙기로 합니다. 그리고 하나님의 말씀에 대한 남쪽 유다인들의 응답은 예언자의 예상에서 한 치도 빗나가지 않습니다.

> **"그러나 여러분은 이 일로 치명적인 실수를 저질렀습니다… 그런데 여러분은 나에게 청해서 여러분의 하나님 주님의 말씀을 들었는데도 그대로 따르지 않았습니다."** 렘42:20-21

살아온 대로 살아가겠다는 식의 생활 양식에 충분히 젖어 있는 사람들은 아무리 기도를 하고 사유하는 시간을 갖는다고 해도 그 기도와 사유의 시간이 자기들을 돌아보며 살아온 시간에 대한 성찰의 작업을 가능하게 하지 않습니다. 예루살렘 성전이라는 이데올로기적 구조에 깃들어 있는 일그러진 시대정신을 귓가에 대고 실감나게 이야기를 해 줘도, 아합과 이세벨로 인한 왕국의 부조리를 눈앞에 들이밀며 엘리야가 보여준 저항 정신을 확인을 시켜줘도 이들은 '관례잖아요, 다들 그러는데 뭐…' 하면서 받아들이지 않을 거니까요.

그리스도인으로 살아간다는 것은 시대의 저변에 음흉하게 웅크리고 있는 불편한 요인들을 알아차린다는 것을 의미합니다. 사람을 사람되지 못하게 하는 요인들, 사회를 사회되지 못하게 하는 요인들, 교회를 교회되지 못하게 하는 요인들을 알아차리고 선명한 대안을 제시하며 망가진 시대정신을 극복해나가고자 하는 노력은 그리스도인들에게서 나와야 하는 것이죠. 예수처럼 살아간다는 것이 그런 식의 삶을 살아가겠다고 마음을 정한 것을 의미하는 것이니까요. 사회에서 소외받는 이들에게 다가가고, 소외를 가능하게 하는 사회의 질서를 거부하며 편견을 극복하고 모두가 함께 살아갈 수 있는 창조질서를 다시 적용해나가는 예수를 살아내기 위하여 우리는 믿음의 길을 걸어가는 것입니다.

그러기 위해서는 그리스도인의 사유하는 시간을 생각해 볼 필요가 있습니다. 시대정신을 생각한다는 것은 이 시대의 바닥에 웅크리고 앉아서 그 누구도 이의를 제기하지 못하도록 촘촘한 논리로 무장하고 있는 편견들과 불합리한 요소들을 알아차리는 작업을 말합니다. 모두가 당연하게 여기고 살아가는데 누군가는 당연하게 여겨지지 않는 불편한 사회의 질서를, 그리고 사람들의 고장 난 인식을 눈치채고 적극적으로 이의를 제기하며 제자리로 돌려세우기 위하여 새로운 질서를 꿈꾸는 것이 '생각한다는 것'일 겁니다.

봉건적이었던 과거 우리나라에는 남존여비男尊女卑, 여필종부女必從夫라는 생각이 당연시 여겨지던 시절이 있었습니다. 고려 시대나 조선 시대에 이러한 생각은 일반적인 생각이어서 남녀 모두가 그러려니 하고 살아갔겠죠. 고대 이래로 오래도록 남성 중심적 삶을 살아왔으니 그 시대의 대부분의 구성원들은 이러한 가치에 이의를 제기할 생각조차 하지 못한 채 시대정신에 충실한 삶을 살아갔을 겁니다. 그러다가 누군가가 '아~ 이건 공평한 삶이 아니구나, 누구는 귀하고 누구는 천한 존재가 아니고 여자라고 반드시 남편에게 종속돼서 살아가는 건 아니구나'라는 깨달음을 얻었겠죠. 그리고 그러한 깨달음을 얻은 사람들의 노력에 의해서 과거의 생각은 꾸준히 해체되는 과정을 겪었을 겁니다. 그리고 보편타당한 가치가 그 자리를 차지하고 영역을 확장하게 되었을 거고요.

그러니 믿음의 길을 걸어간다는 것은 꾸준히 의심하고 회의懷疑하면서 우리가 살아가는 시대의 질서 속에 있는 불합리하고 타당하지 않은 구조와 가치를 간파해나가는 것을 의미합니다. 그리고 이의를 제기하면서 사회적인 합의 과정을 통해서 보편타당한 새로운 가치를 자리하게 하는 것입니다.

그렇지만 이러한 과정은 반드시 저항값을 가지고 오게 마련입니다. 예레미야가 하나님의 뜻을 전할 때에도 기존 질서에 익숙해 있던 당시의 예언자들은 예레미야의 말과 그 행보를 인정하지 않았으니까요. 당시의 제사장들과 예언자들은 '너는 반드시 죽고 말 것이다'라면서 예레미야를 죽이겠다고 달려들었습니다.

왜 그럴까요?

당연하게 여기며 살았던 시대정신을 근본도 없는 누군가가 나타나서 '하나님 어쩌고~' 하면서 틀렸다고 말하면 망가진 시대정신에 기대어서 이익을 누리며 살아가던 사람들은 당황하기 마련입니다.

남존여비, 여필종부에 익숙하게 살아오던 남성들이 여성도 존엄한 존재이고 여성이 반드시 남편에게 복종하며 살아가지 않아도 된다는 질서에 편입되는 상황에 직면하게 되면 기존의 질서에 익숙하게 살아가던 많은 남성들은 낯설고 힘들 것이 당연합니다. 그렇지만 이 대목에서 그리스도인 남성들의 능력이 필요합니다. 자신이 누리던 것을 박탈당하는 경험을 인정하고 수용해야 하는 그 어려운 과정을 받아들이는 능력 말입니다. 그리고 시대의 망가진 다수 정신에 충실한 설교자들과 인기에 영합하는 예언자들의 말을 거부할 수 있는 분별력도 필요하겠습니다.

외동아들이 있던 집에 둘째가 태어났습니다. 혼자서 부모의 사랑을 독차지하던 외동아들은 문득 나타난 동생 때문에 자신을 향한 부모의 사랑이 반으로 줄어든 것을 온몸으로 느껴야만 했습니다. 밥상에서는 온통 자신만을 챙겨주던 엄마의 손길이 반감되는 것을 느껴야 했구요. 그러던 어느 날 자신이 그 집의 유일한 아이가 아니라는 것을 깨달았습니다. 그리고 자신에게 오던 관심의 반을 가져간 다른 아이는 자신의 사랑을 받아야 하는 자신의 동생이라는 것을 알게 되었죠. 이제 밥상 위에 놓이는 수저는, 그리고 의자는 자신만을 위한 하나가 아닌 자신의 동생 것을 함께 준비해야 한다는 것을 깨달은 것이죠. 자신의 유일성을 포기하고 동생의 수저와 의자를 준비해야 하는 새로운 생활 방식을 수용하게 된 것입니다. 이제 외아들은 독불장군이 아닌 동생을 사랑할 줄 아는 '형'이 된 것입니다.

생각의 시간을 경험해낸다는 것은 삶의 방식의 향상을 가져오게 하는 과정으로 의미가 있습니다.

이런 관점에서 당시의 남쪽 유다 사람들을 상대하고 있는 예레미야는 답답하겠다는 생각입니다. 아무리 이야기를 해도 자기들의 주장을 굽히지 않으면서 자기들이 해달라는 대로 해주어야 하는 하나님을 고집하고 있는 남쪽 유다 사람들이 난감한 겁니다. 그러니 자기 박탈 경험을 강고하게 거부하고 있는 이들에게 예언자는 마침내 이런 이야기를 하고야 맙니다.

> **"하나님의 말씀을 따르지 않으니… 그러므로 이제 여러분이 가서 정착하기를 바라는 그곳에서 전쟁과 기근과 염병으로 죽는다는 것을 확실히 알아두십시오."** 렘42:21-22

혹시 신기루를 따라가는 건 아닌가요?

참 신기합니다. 하나님을 섬기는 것으로 시작한 유대 공동체인데 이 사람들은 무슨 생각하고 있는 건지 모르겠습니다. 도통 하나님의 말씀에 귀를 기울이려 하지 않고 자기들 마음대로 살아가려는 고집을 부리고 있으니 말입니다. 애당초 예레미야에게 이집트로 갈 것인지에 관해서 하나님에게 기도해달라고 부탁할 때도 예레미야는 미심쩍었습니다. 기도를 부탁하면서는 '좋든지, 나쁘든지 하나님이 이야기하는 대로 하겠다'(렘42:6)던 사람들이었지만 예레미야는 이미 이들의 속내를 통찰하고 있었습니다.

그렇지만 그래도 이건 너무하다 싶습니다. 이집트에 들어간 남쪽 유다 사람들은 이집트의 생활에 무비판적으로 적응하고 있으니 말입니다. 답답한 예레미야는 다시 한마디 이야기를 전합니다.

> **"그렇게도 예언자를 보내서 역겨운 짓을 하지 말라고 그랬거늘, 내가 싫어하는 일을 그리도 하지 말라고 말했는데도 죄를 저지르고 자기들이 살아가는 삶의 자리를 폐허로 만드는 어리석은 짓을 하는구나."** 렘44:3-4

그렇지만 이집트에서 새로운 삶의 자리에 맛이 들린 남쪽 유다사람들은 이제 의도적으로 예언자의 말을 받아치고 있습니다.

"당신이 뭐라고 이야기를 하던 우리는 당신의 말을 듣지 않을 거예요. 우리는 우리가 하고 싶은 대로 하늘 여신에게 술 제물을 바칠 거거든요. 왠지 알아요? 우리가 하늘 여신에게 술 제물을 바칠 때에는 먹을거리도 풍족했구요, 재앙을 만나지도 않았단 말이에요." 렘44:16-17 참조

참 난감한 노릇입니다. 애당초 신앙공동체로 출발한 유다백성들이 의도를 가지고 하나님의 뜻을 따르지 않으니 이건 정말 죄질이 좋지 않은, 너무 심각한 상황입니다.

이렇게 예언자가 전하는 하나님의 말을 받아치고 있는 남쪽 유다사람들을 바라보고 있노라면 문득 이 사람들의 속내가 보이는데요, 오늘의 상황에 비추어 생각해보면 인간의 소유욕을 충족시켜주는 자본적 사고가 스멀스멀 느껴집니다.

자본주의하에서 인간 존재의 의미는 '돈을 벌고 취득하는 일'이 아닌가요? 일용할 양식이 제공되는 상황에서도 더 많이 가지고 싶다는 소유욕을 활성화시키면서 자기를 도구화하여 소유를 충족시키는 수단으로 전락시키는 것이 자본적 삶의 저간에 있는 맘몬이라는 우상이 하는 일이잖아요. 더 많이 소유하기 위해서 남을 밀어내게 하기도 하고, 심지어는 자신이 차지하고 있는 정상의 자리를 지키기 위해서 친구조차도 발길로 걷어차 버리게 하기도 하니 말입니다.

이스라엘은 역사적으로 신앙공동체라는 전통을 가지고 있습니다. 아브라함과 이삭과 야곱의 하나님을 고백하는 역사적 신앙공동체 말이죠. 이러한 신앙 전통 아래에서 출애굽한 이스라엘 사람들이 광야에서 만나를 거두는 모습은 자본적 사고와는 전혀 상관이 없는 모습이었습니다. 하루에 필요한 양만큼만 거두어들이는 모습이었으니까요. 행여나 게으른 사람들이 다음 날 늦잠이라도 잘 요량으로 이틀 치를 거두고 난 후, 다음 날 아침에 느지막이 일어나 만나를 먹으려고 그릇 뚜껑을 열면, 만나는 먹을 수 없을 정도로 상해 있었거든요. 그건 '내가 날마다 일용할 양식을 제공해주는데 왜 너희들은 욕심을 부리며 잉여물을 축적하느냐'는 하나님의 생활 지도였을 거구요, 그러니 인간의 머릿속에 자본적 사고가 스며 들어오기 이전의 인간의 삶은 최소한의 기본적인 삶이 충족되면 삶의 궁극적인 의미를 추구하는 생활로 나아갔던 모습을 읽어내게 하는 장면입니다.

"하~ 돌이켜지지 않겠구나. 어쩌면 이리도 철저하게 무너지냔 말이다."

예레미야는 탄식을 합니다. 그렇지만 돌이킴의 가능성이 없는 백성들에게 예언자의 탄식은 아무런 의미가 없습니다. 바빌로니아에게 멸망을 당하고 이집트로 밀려나온 상황에서도 돌이킴의 가능성을 보이지 않는 원인은 무엇일까요?

아마도 그것은 자기중심성에 기인한 '의도적인 무지' 아닐까요? 이들은 오래도록 조상 대대로 수행해온 우상숭배를 하고 있다고 고백을 하고 있으니 말입니다.

"우리는 우리의 입으로 맹세한 대로 할 것이오. 우리와 우리 조상과 우리 왕들과 우리 고관들이 유다 성읍들과 예루살렘 거리에서 하던 대로 우리도 하늘 여신에게 제물을 살라 바치고 …" 렘44:17

이 말이 사실이라면 이 사람들은 조상 대대로 우상을 숭배해 왔고 그렇게 살아온 삶의 양식은 한순간에 바뀌기가 어려울 겁니다. 그러니 이 사람들에게 예언자가 전하는 하나님의 이야기는 말도 안 되는 소리인 거고요. 하늘 여신에게 제물을 바치면 먹을거리를 충분히 제공해주고 인생도 평평탄탄하게 살아가게 해 주는데 무슨 좋은 일을 보겠다고 '자기를 부인하고 자기 십자가를 지라'고 요청하는 하나님을 섬기는 믿음의 길을 걸으려 하겠느냐는 거죠.

그런데 문제는 이 맘몬이라는 자본의 신이 오늘의 교회 안에도 찰지게 자리를 차지하고 앉아 있다는 겁니다. 몇 날 전에 오랜만에 만난 분에게서 신기한 이야기를 들었습니다. 어느 예배 모임에 참여를 했는데 출석하는 교회가 아닌 다른 예배 자리에서 별미인 말씀을 들었으니 '별미헌금'을 하라고 했다는 겁니다. 그러면 하나님이 복을 주신다고 했다니 이야기를 듣는 내내 이야기를 전하시는 분도 듣는 사람도 난감했습니다.

자본적 가치에 기반한 기복 신앙은 이상하게도 이 세상을 향하신 하나님의 섭리를 비틀어버립니다. 기복 신앙은 내가 요구하는 요청을 들어주시는 하나님에게 충성하도록 우리들의 믿음 여정을 왜곡시키니까요. 믿고 싶은 하나님에게 충성을 다하게 하고 믿어야 하는 하나님은 의도적으로 외면하게 하는 이상한 기능을 가지고 있는 것이 자본적 가치에 기반한 기복 신앙이 가지고 있는 기능입니다. 이러한 신앙적 기반을 가지고 자신의 소유욕을 채운 사람들이 나눔에 관해서는 어떻게 기능할까요? 열심히 기도하고 교회에 출석해서 자신의 신앙 활동의 대가로 하나님에게서 얻은 소유는 스스럼없이 이웃과 나눌 수 있는 자비로운 소유물로 받아들여질 수 있을까요?

아침부터 일찍부터 포도원에 나와서 일한 일꾼들은 주인의 처사가 마땅하지 않습니다. 저녁 5시에 와서 짧게 일한 일꾼에게도 자기들과 같은 액수의 임금을 지불하는 주인이 이해가 되지 않는 겁니다. 이렇게 불평을 토로하는 일꾼들은 자본주의에 최적화된 사람들로 보입니다. 그리고 그들에게 주인이 한마디 합니다.

"여보세요, 내 것 가지고 내가 후하게 나누어 주는데 당신들이 왜 불만입니까?" 마태20:15 참조

아침부터 땀을 흘리며 일하고 그에 상응하는 품삯을 받는 것에 익숙해져 있는 일꾼들은 주인이 저렇게 말을 해도 자신들의 소유를 다른 이들과 나누는 일을 낯설어할 겁니다. 그들은 일한 만큼 받아야 한다는 생각에 머물러 있으면서 한 시간 일한 사람도 하루를 위한 양식이 필요하다는 생각에는 이르지 못하고 있거든요. 하물며 제한된 일자리가 일자리를 구하지 못하는 사람들의 일할 기회를 빼앗아 간다는 생각을 할 일은 전혀 없어 보입니다. 그러니 그러한 사고 구조에 깊이 빠져 있는 이들이 공정한 나눔 생태계를 형성할 것을 기대하는 일은 매우 어려울 겁니다.

이기적 신앙 환경에서 태어나서 그렇게 살아가는 할아버지와 아버지를 보고 자란 이스라엘 사람들, 그리고 번영신학에 기반한 기복적 신앙을 배우고 그 길을 따라 믿음의 여정을 걸어가는 오늘의 그리스도인들이 예언자의 말을 듣고 모두가 함께 살아갈 수 있는 신앙 생태계, 교회 생태계를 만들어 낼 것이라는 전망은 매우 어려워 보입니다. 예언자의 말을 알아듣지 못하면서, 또는 의도적으로 알아듣지 않으면서 헛헛한 신기루를 신뢰하며 길을 걸어가는 지식이 없는 하나님의 백성들이고, 그러면서도 자기들은 성서대로 살아가는 그리스도인이라고 주장하곤 하니까요.

탄식하는 아모스의 한 마디가 귓전을 맴돕니다.

"나는 너희가 벌이는 절기 행사들이 싫다. 역겹다. 너희가 성회로 모여도 도무지 기쁘지 않다" 암5:21

눈치채기 작업 2

하나님은 누구신가요?

하나님의 존재 방식은 어떠하신가요?

끊임없이 밀려오는 하나님에 관한 질문에 대하여 많은 사람들이 오래도록 응답을 해왔지만 그렇다고 해서 하나님의 존재 방식에 관해서, 그리고 그 존재 자체에 관해서 속 시원하게 말한 사람은 없었습니다. 어차피 해명되고 증명된 하나님은 참 하나님이 아닐 거니까요. 그저 우리는 성서에 계시된 하나님을 잘 알아차리며 그 뜻을 성실하게 따르는 것으로 우리들에게 주어진 삶을 살아가기에 충분하다는 고백을 가지고 살아가는 하나님의 사람들입니다.

예레미야는 남쪽 유다와 더불어서 이스라엘 주변에 있는 민족들의 멸망도 이야기하기 시작합니다. 남쪽 유다 주변에 있는 이방민족들은 왜곡된 신의 이야기를 근거로 살아가고 있으니까요.

"블레셋 사람들을 모두 파멸시키고 두로와 시돈에서 올 수 있는 최후의 지원군들을 모두 멸절시킬 그 날이 왔다. 크레타섬

에서 살아남은 블레셋 사람들을 나 주가 멸망시키겠다." 렘 47:4절

사실 블레셋은 해양 민족으로서 팔레스타인 해변가에 자리하고 있으면서 세력의 흥하고 쇠하는 것에 따라 이스라엘을 괴롭히기도 한 민족입니다. 어떤 학자에 따르면 이들은 바이킹으로 불렸던 해양 민족이라고 하는 설도 있고요. 이들은 사실상 다윗 왕 시절에는 이스라엘의 세력에 눌려 있다가 이스라엘이 남북으로 분열된 이후 서서히 세력을 만회하여 남유다에게 매우 위협적인 존재로 성장해 있었습니다. 더욱이 이들은 일찍이 철기 문명을 받아들임으로 청동기 문명에 머물러 있는 이스라엘을 강력하게 압도하기도 했고요. 그런데 예레미야는 무엇을 근거로 이런 블레셋이 멸망한다고 이야기를 하는 걸까요? 블레셋의 멸망을 이야기하고 있는 예레미야 47장을 찬찬히 읽어보면 그렇게 이야기했음 직한 대목을 발견할 수 있습니다.

"너희가 언제까지 몸에 상처를 내며 통곡하려느냐? … 네가 언제까지 살육을 계속하려느냐?" 렘47:5-6

예레미야가 주목하는 이 대목은 인신 제물을 허용하고 있는 이방 제의의 특징으로 보입니다. 예레미야는 이러한 상황을 '또 그들은 자기들의 아들딸들을 불태워 몰렉에게 제물로 바치려고 힌놈의 아들 골짜기에 산당을 쌓아놓았는데…'(렘32:35)라고 말하며 꾸준히 비판해 왔고 이러한 인신 제물 상황에 대해서 그렇게 하면 안 된다고 누누이 이야기하고 있었던 대목이니까요. 그렇지만 예언자의 이야기에 귀를 기울이지 않는 남쪽 유다 사람들이 지켜나가는 이러한 풍습에 대하여 예레미야는 '역겹다고, 상상조차 하지 못했다'라며 놀라움을 표하고 있습니다.

이러한 모습은 갈멜산에서 엘리야와 대결하는 이방 선지자들의 모습에서도 나타나고 있습니다. 이방 선지자들은 자기들의 신이 자기들의 기도에 응답하지 않자 소리를 지르고 춤을 추며 자기들의 예배관습에 따라서 칼과 창으로 자기들의 몸을 찌르며 자해하기도 했으니까요.(왕상18:26절 이하)

합리성, 객관성, 보편성을 상실한 종교가 보여주는 모습은 난감하기만 합니다. 이렇게 보편타당한 종교의 모습에서 벗어난 일그러진 종교는, 그리고 잘못된 하나님 이해는 비도덕적인 삶을 가능하게 하고 비윤리적인 일을 일상적으로 하게 하는 비정상성을 가지고 있습니다. 거짓말을 손쉽게 하도록 하고 자신의 이익을 위하여 다른 이를 수단으로 악용하게 하는데 그러한 일이 사회에 만연하게 되면 자신의 잘못을 인식하고 돌이키기는커녕, 그러한 상황이 잘못된 것이라고 지적하는 이를 다수의 논리로 무참하게 짓밟아 버리는 상황을 만들기도 하니까요.

혹시나 오늘의 교회 안에도 이러한 일그러진 우상이, 망가진 하나님에 관한 이해가 강고하게 자리를 하고 있는 것은 아닐까요? 교회를 사유화하고 교회공동체 구성원들을 교회 성장의 밑거름으로 수단화하는 모습이 오늘날 교회의 자화상은 아니라고 손쉽게 말하기는 어려울 겁니다.

중세의 교회 안에서도 참으로 난감한 일들이 일어났답니다. 당시 교황들의 영성과 도덕성은 처참할 정도로 무너져 있었다는군요. 이노센트 8세는 오래 살고 싶은 욕심 때문에 어린 소년의 피를 마셨다는 기록도 찾아볼 수 있고요, 여러 명의 여인에게서 16명의 자녀를 두기도 했답니다. 교황이 이 지경이니 추기경들은 공공연히 정부情婦를 두기도 했다 합니다. 하위 성직자들은 라틴어의 뜻도 모르면서 라틴어 성서를 주문처럼 외우면서 백성들의 경멸을 받기도 했다 하고요.(이양호.『종교개혁』참조) 그때나 지금이나 공부하기를 싫어하는 사람들은 항시 있었나 봅니다.

난감한 역설이기는 하지만 이러한 교회의 타락이 점점 심해져 임계점을 찍으면서 종교 개혁이 일어나게 된 거잖아요? 그렇게 생각하면 말도 안 되는 이야기이기는 하지만 어차피 교회가 타락하는 참에 더 열심히 타락하라는 사회 일각의 냉소 어린 비판은 하나님의 거시적 섭리 안에서 나오는 역설이라고 해도 지나친 비약은 아닐 겁니다.

이러한 시절의 난감함 속에서 꾸준히 이어가는 예레미야의 예언 활동은 그럼에도 불구하고 세상에 하나님의 뜻을 펼쳐야 하는 하나님의 활동의 단면입니다. 이렇게 안타깝고 속상해하면서 멸망을 이야기하는 하나님의 속마음은 여러 번 예레미야를 통해서 드러나고 있으니까요.

"내가 그들에게서 영영 떠나지 않고 그들을 잘되게 할 것이며 그들의 마음속에 나를 경외하는 마음을 넣어주어서 그들이 나에게서 떠나가지 않게 하겠다." 렘32:40

그렇지만 사람들은 이러한 하나님의 마음과는 달리 꾸준히도 자기 욕심의 실현을 위하여 타자를 수단화하는 식의 삶을 포기하지 않습니다. 바울도 이러한 안타까운 인간의 한계를 바라보면서도 일하기를 멈추지 않는 하나님의 마음을 이렇게 묘사하고 있습니다.

"이와 같이 성령께서도 우리의 약함을 도와주십니다. 우리는 어떻게 기도해야 할지도 알지 못하지만 성령께서 이루 다 말할 수 없는 탄식으로 우리를 대신하여 간구하여 주십니다." 롬8:26

성령은 무엇을 위하여 이렇게 탄식하면서 인간을 위한 기도를 이어가고 있는 것일까요? 이렇게 성령이 기도하고 있음에도 불구하고 인간은 왜 이리도 하나님의 마음을 아프게 해드리는 일에서 빠져나오지 못할까요? 그건 아마도 인간의 내면에서 활발하게 작동하고 있는 욕심과 집착 때문일 겁니다. 인간은 참과 거짓을 구별할 줄 아는 능력을 가지고 있으면서도 결국 자기 욕심을 이겨내지 못하고 선악과를 따먹거나 바벨탑을 쌓아야 직성이 풀리는 본성을 가지고 있는 존재니까요. 아니 나아가서는 친구조차도 밟고 올라서서 자신의 스펙을 쌓아가는 작업을 주저하지 않고 해나가는 이기적인 존재이기도 하니까요. 그리고 이런 부류의 사람들이 믿는 하나님은 자기들의 생각을 지지하는 금으로 만든 금송아지 하나님(출32:1절 이하)일 거구요, 그 하나님은 이웃을 발판 삼아서 자기의 사회적인 위치를 굳건히 하는 사람들의 생활양식을 탄탄하게 지지하는, 인간에게서 부여받은 그 기능을 수행할 겁니다.

그러니 믿음의 길을 걸어가는 하나님의 사람들은 섬세하게 '눈치채기 작업'을 잘 수행해야 할 필요가 있습니다. 자신이 알고 있는 것이, 또는 깨달았다고 하는 것이 정말 모두와 함께 나눌 수 있는 보편타당한 깨달음인지, 하나님이 기뻐하시는 합리적이고 객관적인 깨달음인지를 꾸준히 성찰하는 것으로서의 '눈치채기 작업' 말입니다. 행여나 자기 고집에 기반한 자기만의 깨달음을 자신의 힘과 권력에 의지해서 타인에게 주장하는 수준의 깨달음이라면 그 깨달음은 타자의 희생을 일방적으로 요구하는 폭력일 수 있습니다. 이러한 사람을 불교에서는 독각승獨覺乘이라고 부른다지요?

이런 차원에서 베드로는 자기를 경계하는 일로서의 눈치채기 작업을 꾸준히 해나가고 있습니다.

"그러자 베드로는 맹세하고 다시 부인하였다. '나는 그 사람을 알지 못하오'… 베드로는 '닭이 울기 전에 네가 나를 세 번 부인할 것이다' 하신 예수의 말씀이 생각나서 바깥으로 나가서 몹시 울었다." 마태26:72, 75

그리스도인이 하나님과 함께하는 삶을 살아간다는 것은 자신의 내면에 자리 잡고 있는 엉뚱한 녀석을 눈치채는 것으로부터 시작됩니다. 그리고 자기 욕심을 내려놓는 것으로서의 자기와의 화해, 그리고 잘난 척하며 '내 이웃은 누구입니까?' 라고 질문하는 율법교사들의 수준을 넘어서서 실제로 강도 만난 사람을 살펴주는 실천적인 삶을 잘 살아내는 것이 그리스도인의 삶입니다. 이 사람이 하나님과의 화해를 이루어 내고 이웃과 함께 살아가는 그리스도인일 거니까요.

길을 물어보다

예레미야서 50장에 이르니 예레미야는 바빌로니아의 멸망과 이스라엘의 회복에 관한 이야기를 전하고 있습니다. 바빌로니아는 길가메쉬 서사시에 나오는 '벨'과 '마르둑'을 섬기다가 어려움을 당할 것이라는 이야기를 전하고 있는 것이죠.

"바벨론이 함락되었다. 벨 신이 수치를 당하였다. 마르둑이 공포에 떤다. 바빌론의 신상들이 수치를 당하고 우상들이 공포에 떤다." 렘50:2b

아마도 바빌로니아는 자신들의 강대함, 즉 경제적인 번영과 군사적인 막강함에 취해서 스스로를 절대적으로 신뢰하는 교만함, 그리고 오만함을 보인 듯합니다. 다니엘서를 보면 그런 기록이 이러한 짐작을 뒷받침하는 듯하니까요.

"느부갓네살의 아드님이신 벨사살 임금님은 이 모든 일을 아시면서도 마음을 겸손하게 낮추지 않으시고 하늘의 임금님이

시요 주님이신 분을 거역하시고 스스로를 높이시며 하나님의 성전에 있는 그릇들을 가져오게 하셔서 임금님과 귀한 손님과 왕비들과 후궁들이 그것으로 술을 마시게 하셨습니다." 단 5:22-23

그러고 보면 인간이라는 존재는 참 가볍기 그지없습니다. 하루하루 살아가는 하루살이 인생을 답습하는 것처럼 보이기도 하구요. '권불십년', '화무십일홍'이라는 말을 수없이 만나고 되뇌면서도 자신이 자그마한 힘을 획득하기라도 하면 그 권력을 겸손하게 받아들이기보다는 권력을 이용해서 자기 이익을 창출하는 일을 너무도 잘 해내니까요.

이런 상황은 때로 사람들에게 상실감, 좌절감을 주기도 합니다. 아무리 하나님을 성실하게 섬기고 정직과 공의로 삶을 꾸려낸다 하더라도 적당히 거짓말을 하면서, 적당히 불의를 행하면서 살아가는 사람들이 누리는 화려한 삶은 주어지지를 않으니까요. 그러니 꾸준히 정직과 성실로 살아가던 사람들이 진리의 하나님에 대한 의심과 회의에 빠지는 것은 조금도 이상한 일이 아닐 겁니다.

그렇지만 성서는 이러한 상황에 대하여 마음을 올곧게 하고 흔들림 없이 진리의 길을 걸어갈 것을 요구하고 있습니다.

"악한 자들이 잘 된다고 해서 속상해하지 말며 불의한 자들이 잘 산다고 해서 시새워하지 말아라. 그들은 풀처럼 빨리 시들

고 푸성귀처럼 사그라지고 만다. 주님만 의지하고 선을 행하여라. 이 땅을 사는 동안 성실하게 살아라. 기쁨은 오직 주님에게서만 찾아라. 주님께서 네 마음의 소원을 들어주신다.” 시 37:1-4

그렇지만 아무리 하나님의 이런 요구들이 우리들에게 주어진다 한들 얼마나 많은 사람들이 이 요구를 수용하며 살아갈 수 있을까요? 베드로는 절대로 주님을 모른다 하지 않겠다고 했지만 결국 어린 소녀 앞에서 자신의 스승을 부인하면서 스스로 무너지고 말았습니다. 요나도 다마스쿠스에 가서 하나님의 이야기를 전해야 하는 상황에서 스페인으로 도망가는 길로 들어서는 것을 보면 고난을 각오하고 꾸준히 정직과 공의의 길을 걸어가는 것은 그리 간단한 문제는 아닌 듯합니다. 하기야 강도 만난 사람을 외면하는 사람들이 제사장과 레위인이었으니 그렇게도 율법을 공부하고 진리를 탐구한다 한들 실천적인 그리스도인으로 살아가는 일이 그리 간단할 리가 없습니다. 자기가 하나님의 사람이라고 자임하는 일단의 사람들은 결국 하나님의 이름 아래에서 자기의 유익을 추구하는 속내를 숨기며 살아가기도 하니까요.

이런 상황에서 예레미야는 이스라엘 백성들이 길을 물어보며 돌아올 것이라고 이야기합니다.

“그들은 시온으로 가는 길을 물어보며 이곳을 바라보며 찾아

올 것이다. 돌아온 그들은 나 주와 언약을 맺을 것이다. 절대로 파기하지 않을 영원한 언약을 맺고 나와 연합할 것이다." 렘50:5

예레미야의 짧은 한마디 이야기이지만 그래도 이 말에는 관심을 끄는 대목이 하나 있습니다. 그건 '시온으로 가는 길을 물어보다'입니다. 어차피 이스라엘 백성들은 아쉬울 때에는 하나님을 찾고 자기들의 의지와 다른 여정을 보여주시는 하나님에게는 꾸준히 저항하는 모습을 보이고 있습니다만, 그렇더라도 살아가야 할 방향을 물어보기라도 한다니 반가운 일이 아닐 수 없습니다.

이스라엘 사람들이 비판적으로 자기를 성찰하는 지점으로부터 하나님에게 꾸준히 길을 묻는 여정을 걸어갔으면 좋겠습니다. 여기서 자기를 성찰한다는 것은 자신의 경험과 학습으로부터 획득한 자기의 신념과 생각의 틀을 꾸준히 의심한다는 뜻을 내포하고 있을 겁니다. 가만히 생각해보면 스스로 믿음이 좋다고 자부하는 사람들이 문제였으니까요. 오래도록 믿음의 길을 걸은 사람들은 자기의 생각이 하나님의 뜻이라는 일방성에 갇혀 있는 경우가 많이 있어 보입니다. 그러니 자신이 걸은 믿음의 여정을 걸어야 그것이 하나님의 뜻이라는 자기중심적 사고방식은 화해와 일치를 만들기보다는 갈등과 분열을 만들어 내기 일쑤이니까요. 그렇지만 일방성에 갇혀 있는 사람들은 돌이키기보다는 자신이 옳다고 생각하는 하나님의 뜻을 이루어드리기 위해서 열심히 자신의 생각을 주장하며 타자를 설득하고 가르치려 합니다.

그렇지만 예레미야가 언급하고 있는 '길을 물어본다' 는 말에는 비판적 자기 성찰이라는 마음공부의 과정이 담지되어 있다고 보여집니다. 자신이 알고 있는 길보다는 타당하고 합리적인 여정이 있는지를 탐색하는 열려 있는 자세를 의미하고 있는 것으로 보이기도 하고요.

자신이 걸어가는 길에 확신을 가지고 있는 이들은 자신의 이웃들에게 '순종적 아멘'을 강요하기도 합니다. 그렇지만 누군가가 성실하게 길을 찾는 여정을 걸어가고 있다면 '순종적 아멘'보다는 자신의 의견에 '비판적 질문'을 해달라고 겸허하게 요청해야 할 겁니다.

바빌로니아는 자신들의 부유함에 취해 있으면서 자기들의 생활방식인 '벨'과 '마르둑'을 상대방에게 강요하며 무비판적 수용을 강요하기도 했으니까요. 그러나 예레미야는 '벨'과 '마르둑'이라는 질서는 하나님의 백성을 노략질하는(렘50:11) 이념이라고 소리를 높이고 있습니다.

예레미야는 이러한 상황을 반면교사로 삼아서 이스라엘 백성들에게 시온으로 가는 길을 물어보며, 보다 타당하고 객관적인 여정에 들어설 것을 요구하고 있는 겁니다. 그러니 이스라엘 백성들이 이러한 예언자의 말을 온전히 받아들인다면 자신들의 마음을 유연하게 관리하면서 꾸준히 공부하는 배움의 여정에 들어서야 합니다. 중국의 어느 철학자가 '배우고 때로 익히니 이 또한 기쁘지 아니한가'라고 했듯이 다양한 학습의 자리에 들어서는 것은 지금까지 알지 못했던 새로운 세계에 관한 이해의 지평이 넓어지는 과정을 경험하게 되는 것이지요.

다만 배움의 과정에서 조심해야 할 것은 학습을 이어가면서 '자비로움'과 '너그러움'을 잘 유지하고, 향상되도록 해야 한다는 것입니다. 행여나 배움의 과정에 '경쟁적 잔인함'이 자리를 하고 있어서 상대방을 아프게 하면서 자신의 성장을 꾀하는 수준이라면 그것은 하나님의 자비로움과 공의로움에서는 멀어지는 결과를 가지고 오게 될 것이기 때문입니다. 그러니 하나님의 사람들이 해나가는 학습은 하나님의 선하심을 이 세상에 구현하기 위한 '의도의 순수성'이 잘 유지되는 거룩한 작업이어야 합니다.

이렇게 '의도의 순수성'을 가지고 꾸준히 배움의 길을 걸어가다 보면 문득 자비로운 자신의 모습을 경험하게 될지도 모를 일입니다. 자신과 다른 생각을 가지고 있는 사람을 환하게 웃는 얼굴로 마주하게 될 것이고 자신의 생각을 이념화하면서 그 생각에 동의하지 않는 사람을 적으로 규정하는 폭력은 어렵지 않게 극복될 것이니까요. 그러면 화해와 일치를 누리며 살아가는 일이 훨씬 수월해질 겁니다.

시온으로 가는 길을 잘 물어보면서 길을 걸어갈 것을 요청하는 예언자는 이러한 과정을 잘 겪어낸 사람들이 누리는 하나님의 은총을 이렇게 나누고 있습니다.

"그 날이 오고 그 때가 되면 내가 살아 남게 한 사람들을 용서할 터이니 이스라엘의 허물을 아무리 찾아도 찾지 못하고 유

다의 죄를 아무리 찾아도 발견하지 못할 것이다. 나 주의 말이다." 렘50:20

손실 회피 편향이라고요?

예수께서 예루살렘에 들어가기로 마음을 정하셨습니다. 이 마음 정함은 그리 쉽게 정한 결정은 아니었습니다. 이미 유대교의 여러 지도자들의 눈에는, 그리고 친로마 세력에 빌붙어 있는 사람들에게 예수는 눈엣가시 같은 존재이었으니까요. 그런 상황에서 예루살렘에 들어간다는 것은 죽음의 자리에 제 발로 걸어 들어가는 어리석은 일입니다. 그리고 제자들은 이런 분위기를 알고 있었던 듯 싶습니다. 예수께서 예루살렘에 들어가야 하고 고난을 받을 것이라는 이야기를 하자 베드로는 이렇게 이야기하고 있습니다.

"선생님, 무슨 좋은 일을 보시겠다고 예루살렘에 들어간다고 하십니까? 절대로 예루살렘에 들어가시면 안 되는 겁니다. 정말 큰일을 당하실 거예요" 마태16:22 참조

그렇지만 예수께서는 이러한 제자들의 반응에 냉정하게 대응하고 계십니다.

"누구라도 한 사람이 죽을 각오를 하지 않으면 이렇게 딱딱하게 굳어서 종교의 역할을 하지 못하는 하나님 종교가 그나마 회생의 가능성이라도 볼 수 있겠느냐? 누구 하나 하나님의 일은 생각하지 않고 이해타산에 익숙해진 믿음 길을 걷고 있는데 너도 그런 마음으로 나를 말리는 것이냐? 그렇다면 그건 걸림돌이고 사탄의 생각인 거다" 마태16:23 참조

시대정신을 비판하는 예수님은 시대 가치를 만들어 내며 시대정신을 주도적으로 이끌어 가는 이들을 향해서도 이렇게 비판하고 계십니다.

"너희들은 위선자들이다. 시대의 규칙으로서의 정결법을 지켜야 한다는 명분 때문에 강도 만난 사람을 지나치지 않았느냐? 그러나 너희들이 멸시하는 사마리아 사람은 강도 만난 사람에게 실천적으로 다가가 그의 생명을 구해내지 않았느냐? 너희들은 십일조는 정확하게 드리면서 정의와 자비와 신의 같은 율법의 실천적인 요인들은 외면하지 않았느냐?" 마태23:23 참조

예수님보다도 훨씬 이전에 활동한 예레미야도 비슷한 이야기를 하고 있습니다. 망가진 시대정신에 충성하는 이들은 하나님의 온전하신 이야기를 전하는 예언자의 이야기를 들어낼 능력이 없습니다. 그러나 예언자는 하나님의 생각을 전해야만 합니다.

“너희들은 하나님의 이름으로 도둑질을 하고 약자를 폭력으로 다스리며 이방신인 바알에게 예배를 드린다. 그렇지만 입술로는 여전히 하나님에게 기도를 드린다고 주장한다. 그렇게 성전에 드나들면서 ‘우리는 안전하다’ 라고 말하니 역겹기만 하다.” 렘7:9-10

손실회피편향loss aversion bias이라는 말이 있습니다. 아마도 경제적인 상황에서 나온 말 같습니다. 주식이 꾸준히 하향 곡선을 그리고 있는데도 지난 시간 동안 투자한 것이 아까워서 주식을 팔지 못하다가 결국은 회복 불능의 상태가 된다는 데서 유래한 말이라네요. 이 개념에 비추어서 예수님 시대의 종교 지도자들이나 예레미야 시대의 지도층을 본다면 그들은 자신들이 살아온 삶의 양식에 관한 성찰이 이루어지고 있지 않습니다. 하지만 행여 자신들의 삶이 하나님의 뜻에서 멀리 떨어져 있다는 것을 깨닫는다 하더라도 돌이킬 가능성은 거의 없어 보입니다. 왜냐하면요, 돌이키면 그동안 자신들이 누리던 좋아 보이고 먹음직해 보이는 것들을 포기해야 하는 거니까요. 그러니 이 사람들의 관심이 보암직하고 먹음직한 것에 꽂혀 있는 한 하나님의 뜻을 따라 살아가는 삶으로 삶의 방향을 수정할 것이라고는 생각되지 않습니다.

이렇게 살아가던 남유다의 지도층 사람들에게 ‘마당을 나온 암탉’의 ‘잎싹’ 이야기를 들려준들 귀를 기울여 들으려 할까요? 애꾸눈 족제비의 여린 새끼들을 본 잎싹은 이렇게 말하며 자기를 애꾸눈 족제비에게 내어주는 모습을 연출하는데요.

"나를 잡아먹어라. 그래서 네 아기들 배를 채워라."

본래적인 신앙적 감각을 가지고 살아가는 사람은 죄를 짓고 나서는 돌이키는 과정에 나아가게 됩니다. 이후에 다시 죄를 짓더라도 돌이키게 하시는 하나님의 은총을 누리며 점진적으로 향상을 경험하는 그리스도인이 되는 거죠.

그러나 예레미야는 남유다 사람들이 자신이 전하는 하나님의 이야기를 듣고 돌이킬 거라는 기대가 없습니다. 자기들이 편안하게 살아갈 수 있는 시대정신을 만들어 놓고 그 시대정신이 진리라고 확인해 주는 하나님을 섬기며, 자기들이 조합해놓은 시대정신이 비판을 받기라도 하면 순교자적인 마음가짐을 가지고 치열하게 싸워 이기려는 전투적인 자세를 취하고 있다는 것을 잘 알고 있으니까요. 실제로 예레미야의 말을 듣는 이들은 자기부정의 작업에 들어서기는 커녕 예레미야를 제거하는 작업에 몰두했습니다.

"왕은 오히려… 서기관 바룩과 예언자 예레미야를 체포하라고 하였다." 렘36:26

그리고 예레미야 이후, 오랜 시간이 지나서 활동하신 예수님도 비슷한 경험을 하고 있습니다. 자기들의 밥그릇을 건드리는 예수는 기득권에 기대서 살아가고 있는 사람들에게는 불편하기만 할 뿐이니까요.

“대제사장들과 율법학자들은 예수를 없애버릴 방책을 찾고 있었다.” 누가22:2

그러니 예레미야는 남쪽 유다 사람들을 경험하면서 엄청난 좌절감에 빠지기도 했을 겁니다. 그들은 왜곡된 시대정신에 꽁꽁 묶여 있으면서 예레미야가 전하는 하나님의 말씀을 부정하고 예레미야를 사형에 처해야 한다(렘38:4)고 주장하기도 하니까요.

참 난감한 일입니다. 자기 생각에 배타적으로 기초하고 있으면서 보다 나은 삶의 양식을 이야기하는 사람들의 말을 받아들이지 않으니까요. 때로 일단의 그리스도인들은 하나님의 말씀을 따라서 살아갈 생각을 하지 않고 자기의 경험에 매몰되어 있는 표층적 신앙을 따라서 살아가다가 하나님의 말씀을 삶으로 육화시키는 수준에 이르지 못하곤 합니다. 그건 오래도록 믿음의 길을 걸었음에도 불구하고 신앙적 객관성과 보편성, 그리고 상식적인 삶도 놓치고 마는 안타까운 상황에 머물고 있는 모습의 단편일 수 있습니다.

사실 그리스도교 신앙은 매우 유연하고 너그러운 신앙체계입니다. 이러한 사실을 잘 깨닫고 초대 교회의 갈등 상황을 잘 풀어나간 사람이 바울입니다. 바울이 활동하던 시절의 유대교 그리스도인들과 이방인 그리스도인들은 날에 관한 논쟁과 먹는 문제에 관한 다툼을 이어간 듯합니다. 이러한 상황에서 바울은 다음과 같이 말하면서 심각한 다툼을 잘 정리해나가고 있습니다.

"어떤 날을 더 존중히 여기는 사람도 주님을 위하여 그렇게 하는 것이요, 먹는 사람도 주님을 위하여 먹으며 먹을 때에 하나님께 감사를 드립니다. 그리고 먹지 않는 사람도 주님을 위하여 먹지 않으며 또한 하나님께 감사를 드립니다." 롬14:6

그리스도교 신앙을 받아들이고 그 여정을 걸어간다는 것은 이전에 자신이 가지고 있었던 생각과 생활 양식에 관한 냉정한 성찰의 작업에 들어간다는 것을 의미합니다. 이 냉정한 성찰의 작업은 보다 객관적이고 보편적인 삶의 자리에 편입되게 합니다. 만일 누군가가 그리스도교 신앙 위에 서 있으면서도 객관적이고 보편적인 삶의 자리에 들어서지 못한다면 그것은 자기중심적 사고를 포기하지 못한 결과일 겁니다. 자기중심성은 욕망의 활성화, 그리고 때로 진리에 대한 게으름으로 나타나기도 합니다.

그러나 거울로서의 성서를 통하여 자신의 내면의 움직임을 잘 파악하고 있는 사람은 성서를 통해서 만나는 진리에 자기를 비추어 보고 끊임없는 자기부정의 경험을 이어가게 됩니다. 그 자기부정의 작업은 더욱 타당하고 객관적인 그리스도인의 자리로 나가게 하는 동력이 될 겁니다. 그러면 십자가에 달려서도 자기를 찌르는 사람을 위하여 자비의 기도를 할 수 있는 경지를 경험할 수 있을지도 모를 일입니다. "마당을 나온 암탉"의 잎싹이 처럼 말이죠.

"크고 아름다운 날개로 바람을 가르며 잎싹은 아래를 내려다 보았다. 그랬다. 모든 것이 아래에 있었다… 그리고 족제비가 보였다. 축 늘어진 암탉을 물고 사냥꾼 족제비가 힘겹게 걸어가고 있었다."

-『마당을 나온 암탉』 중에서-